(사)한자교육진흥회 주관
한국한자실력평가원 시행

한 번에 합격하는
한자자격시험
실전문제집

7·8급

김시현 지음
(사)한자교육진흥회 감수

머리말

대학과 학원, 기업 등 여러 장소에서 다양한 학생들을 상대로 강의를 하다 보면, 단순히 자격증 취득을 넘어서 이를 계기로 우리말 어휘력이 상당히 향상되었다는 소감을 많이 듣게 됩니다. 또한 한자로 이루어진 단어의 정확한 의미를 파악하지 못해 학습 또는 업무 효율이 떨어진다는 등의 곤란을 호소하는 이들도 많습니다.

지난 수년간 한글전용논의가 계속되어 왔지만, 결과가 이와 같은 것은 무슨 까닭일까요? 바로 한자와 중국어를 구분하지 못하고 헷갈린 때문입니다. 한자는 수천 년간 한자 문화권에서 통용되어진 문자로, 중국에서는 그들의 문화에 맞게, 또 우리나라에서는 우리의 문화에 맞게 변천되어 왔습니다. 때문에 한자를 모르면 우리말 구사력이 현저히 떨어질 수밖에 없습니다.

그러나 아직까지도 우리의 한자교육은 우리말과 단어를 제대로 구사하는 것보다는, 그야말로 천자문을 외우듯 개별한자를 암기하도록 하는 데 초점이 맞추어져 있습니다. 2,000자를 읽는다고 해도 실제 어문에서의 활용이 어렵다면 이는 살아있는 공부라 하기 어려울 것입니다. 그런 의미에서 한자자격시험은 한자와 한자어 학습의 균형을 잡는 데 도움이 된다 하겠습니다. 뿐만 아니라 교과서에 나오는 단어나 시사, 경제 등 다분야의 실용한자어를 자연스럽게 익히도록 되어 있어 한자는 물론, 어휘력과 사고력을 향상시키는 결과도 기대할 수 있습니다. 이 책은 이러한 사단법인 한자교육진흥회의 출제의도를 충실히 반영하여 만들어진 예상 및 기출문제집입니다. 특히 예상문제들은 다년간의 강의 경험을 통해 출제경향과 빈도를 가능한 철저히 분석하여 만들었습니다.

한자자격시험 준비를 통해 자신의 어문실력을 한층 업그레이드할 수 있기를 바랍니다. 더불어 본서가 보다 효율적으로 실전에 대비하는 데 도움이 될 수 있기를 희망합니다.

김시현

목 차

- 한자자격시험 안내 ... 4
- 급수별 선정한자 일람표 ... 8
- 7·8급 교과서한자어 일람표 ... 10
- 한자자격시험 8급 예상문제 ... 13
  - 1 회 ... 14
  - 2 회 ... 16
  - 3 회 ... 18
  - 4 회 ... 20
  - 5 회 ... 22
  - 6 회 ... 24
  - 7 회 ... 26
  - 8 회 ... 28
  - 9 회 ... 30
  - 10회 ... 32
- 한자자격시험 8급 기출문제 ... 35
  - 1 회 ... 36
  - 2 회 ... 38
  - 3 회 ... 40
  - 4 회 ... 42
- 한자자격시험 7급 예상문제 ... 45
  - 1 회 ... 46
  - 2 회 ... 48
  - 3 회 ... 50
  - 4 회 ... 52
  - 5 회 ... 54
  - 6 회 ... 56
  - 7 회 ... 58
  - 8 회 ... 60
  - 9 회 ... 62
  - 10회 ... 64
- 한자자격시험 7급 기출문제 ... 67
  - 1 회 ... 68
  - 2 회 ... 70
  - 3 회 ... 72
  - 4 회 ... 74
- 정답 ... 77

한자자격시험 안내

1. 국가공인자격시험

- 한자자격시험은 국가에서 공인한 시험(신규공인: 2004. 1, 재공인: 2006. 2)입니다.
- 자격종목 및 등급: 한자실력급수(사범, 1급, 2급, 3급)
  ※교양한자급수: 준3급, 4급, 준4급, 5급, 준5급, 6급, 7급, 8급
- 국가공인 한자자격 취득자는 법률에 의거, 여타의 국가공인 자격증과 똑같은 대우를 받습니다.
- 국가공인 한자자격을 취득한 초·중·고등학생은 교육인적자원부(현 교육과학기술부) 훈령 제719호에 의거, 학교생활기록부 자격증 및 인증취득상황란에 등재됩니다.

2. 한자자격시험의 특징

한자사용능력을 종합적으로 평가합니다.

한자평가원에서 시행하는 한자자격시험은 단순히 한자를 많이 암기하는 능력을 평가하는 시험이 아닙니다. 한자에 대한 이해, 실생활에서의 한자 활용능력, 어휘력, 교과서한자어 인지도 등을 종합적으로 평가하며 이 과정을 통해 자연스럽게 언어능력 및 문장 구성능력이 향상될 수 있습니다.

사고력과 어휘력을 향상시킵니다.

한자자격시험은 사고능력을 향상시킬 수 있도록 구성되어 있습니다. 한자자격시험 대비 교재를 공부하는 과정을 통해 자연스럽게 사고력과 어휘력의 향상이 이루어질 수 있습니다.

학업성적 향상에 기여합니다.

초·중등학교 교과서에 자주 나오는 한자어를 평가하고 있으므로, 시험대비 과정을 통해 자연스럽게 교과서에 나오는 어려운 어휘에 대한 이해력을 높여 학교에서의 학업능력을 향상시킵니다.

교과학습능력을 신장시킵니다.

한자자격시험은 각 학교급별 수준에 맞는 내용으로 급수별 평가를 시행하고 있습니다. 각 급수의 수준을 초등학교 1학년부터 고등학교 3학년, 대학, 일반 등으로 나누어 제시하고 있으며, 다시 해당 교과서에 자주 등장하는 단어(한자어)를 분석하여 한자 공부를 할 수 있도록 하고 있습니다. 이를 바탕으로 학습자는 자신이 공부해야 할 급수를 선택할 수 있고, 또 학습과정을 통해 해당 교과서에 나오는 한자어를 공부하게 됩니다. 이는 교과서 단어에 대한 뜻을 정확히 이해하고 해석하는 데 도움을 주어 결과적으로 교과학습 성취도를 높이는 데 도움이 됩니다.

한자자격시험 안내

(1) 한자자격시험
- 주관: 사단법인 한자교육진흥회(社團法人 漢字敎育振興會)
- 시행: 한국한자실력평가원(韓國漢字實力評價院)

(2) 한자자격시험 일정
- 연 4회
- 매 2월, 5월, 8월, 11월 시행(사정에 따라 변경될 수 있음)
- 응시자격: 제한 없음

(3) 한자자격시험 준비물 및 입실 시간
- 접수 준비물: 기본인적사항, 응시원서, 응시료, 반명함판 사진(3cm×4cm) 2매
- 시험 준비물
  ① 수험표
  ② 신분증
    (학생증, 주민등록증, 운전면허증, 여권 – 초등학생과 미취학 아동은 건강보험증 또는 주민등록등본)
  ③ 컴퓨터용 사인펜
  ④ 검정색 필기구(연필 사용 불가)
  ⑤ 수정 테이프(수정액 사용 불가)
- 고사장 입실시간: 시험 시작 20분 전까지

(4) 한자자격시험 급수별 출제범위

급수		사범	1급	2급	3급	준3급	4급	준4급	5급	준5급	6급	7급	8급
평가 한자수	계	5,000자	3,500자	2,300자	1,800자	1,350자	900자	700자	450자	250자	170자	120자	50자
	선정 한자	5,000자	3,500자	2,300자	1,300자	1,000자	700자	500자	300자	150자	70자	50자	30자
	교과서 실용 한자어	–	500단어	500단어	500자 (436단어)	350자 (305단어)	200자 (156단어)	200자 (139단어)	150자 (117단어)	100자 (62단어)	100자 (62단어)	70자 (43단어)	20자 (13단어)

- 한자자격시험은 사범~8급까지 총 12개 급수로 구성되어 있습니다.
- 국가공인급수는 사범~3급까지 4개 급수이며, 민간자격법에 의한 교양한자급수는 준3급~8급까지 8개 급수입니다.
- 1급과 2급은 직업분야별 실용한자어, 3급 이하는 교과서한자어를 뜻합니다.

한자자격시험 안내

⑤ 급수별 출제 문항수 및 출제기준

구분		급수	사범	1급	2급	3급	준3급	4급	준4급	5급	준5급	6급	7급	8급 (첫걸음)
출제 기준	문항수 합계		200	150	100	100	100	100	100	100	100	80	50	50
	주관식	문항수	150	100	70	70	70	70	70	70	70	50	20	20
		비율(%)	75% 이상	65% 이상	70% 이상	70% 이상	70% 이상	70% 이상	70% 이상	70% 이상	70% 이상	60% 이상	40% 이상	40% 이상
		한자쓰기 (비율%)	25	25	25	20	20	20	20	20	20	10	-	-
	객관식	문항수	50	50	30	30	30	30	30	30	30	30	30	30
문항별 배점			2	2	2	2	1	1	1	1	1	1.25	2	2
만점 (환산점수: 100점 만점)			400 (100)	300 (100)	200 (100)	200 (100)	100	200 (100)	100	100	100	100	100	100

⑥ 급수별 합격기준

구분	급수	사범	1급	2급	3급	준3급	4급	준4급	5급	준5급	6급	7급	8급 (첫걸음)
합격기준 (문항수 기준)		80% 이상	70% 이상	70% 이상	70% 이상	70% 이상	70% 이상	70% 이상	70% 이상	70% 이상	70% 이상	70% 이상	70% 이상

⑦ 급수별 시험시간, 출제유형별 비율

구분		급수	사범	1급	2급	3급	준3급	4급	준4급	5급	준5급	6급	7급	8급 (첫걸음)
시험시간			120분	80분	60분	60분	60분	60분	60분	60분	60분	60분	60분	60분
유형 비율 (%)	급수별 선정 한자	훈음	25	15	15	15	15	15	15	15	15	20	25	25
		독음	35	15	15	15	15	15	15	15	15	20	25	25
		쓰기	25	20	20	20	20	20	20	20	20	10	-	-
		기타	15	15	15	15	15	15	15	15	15	15	15	15
		소계	100	65	65	65	65	65	65	65	65	65	65	65
	교과서 실용 한자어	독음	-	10	10	15	15	15	15	15	15	15	15	15
		용어뜻	-	10	10	10	10	10	10	10	10	10	10	10
		쓰기	-	5	5	0	0	0	0	0	0	0	0	0
		기타	-	10	10	10	10	10	10	10	10	10	10	10
		소계	-	35	35	35	35	35	35	35	35	35	35	35
합계			100	100	100	100	100	100	100	100	100	100	100	100

한자자격시험 안내

(8) 국가공인 한자자격 취득자 우대
- 자격기본법 제27조에 의거 국가자격 취득자와 동등한 대우 및 혜택
- 직업교육훈련기관에서 입학 전형자료로 활용
- 직업능력의 우월성 인정으로 취업 시 우대
- 공공기관과 기업체 채용, 보수, 승진과정에서 우대하며 전문대학, 대학교 입학 시 가산점 인정
  ※우대 반영 비율 및 세부사항은 기업체 및 각 대학 입시요강에 따름
- 초·중·고등학생은 교육인적자원부(현 교육과학기술부) 훈령 제719호에 따라 학교생활기록부 자격증 및 인증취득상황란에 등재
- 대상 급수: 사범, 1급, 2급, 3급

이 책의 특징과 구성

이 책은 국가공인 한자자격시험 관리 운영기관인 '(사)한자교육진흥회'가 주관하고, '한국한자실력평가원'에서 시행하는 7·8급 한자자격시험 대비 실전문제집입니다.

- 이 책은 한자자격시험의 평가기준과 평가의도를 정확히 반영하고 있습니다.
- 지금까지 여타 '한자검정'은 '한자의 글자수 암기능력'만을 측정하여 자격을 부여하고 있습니다. 반면 〈한자자격시험〉은 한자 인지학습은 물론, 초·중·고의 학교급별 교과서에 쓰이고 있는 한자어를 읽고 쓰고 뜻을 알게 하는 과정을 통해 우리말의 어휘력과 사고력, 문제의 핵심을 파악하게 하는 능력 등을 높여 자연스럽게 교과학습 성취도를 향상시켜 줍니다. 이 책은 이러한 평가 방향과 내용을 정확히 분석하여 학습 효과를 높이는 것은 물론이고, 최고의 한자자격시험 적중률을 자랑합니다.
- 책의 앞부분에 급수별 선정한자 목록과 교과서한자어 목록을 수록하였습니다. (사)한자교육진흥회의 평가기준에 따라 7급 선정한자 20자와 8급 선정한자 30자를 수록하였으며, 실전에 최적화된 예상문제로 철저한 시험대비가 가능하도록 하였습니다.
- 각 급수는 예상문제 10회와 기출문제 4회로 구성되어 있습니다. 특히 예상문제는 최근 기출경향 및 출제빈도를 철저히 분석하여 만들어졌습니다. 7급과 8급은 정답 작성 시 따로 답안지가 제공되지 않으며, 문제지에 바로 기재하면 됩니다.

급수별 선정한자 일람표

8급 선정한자

九	아홉 구
口	입 구
女	계집 녀
六	여섯 륙
母	어머니 모
木	나무 목
門	문 문
白	흰 백
父	아버지 부, 남자미칭 보
四	넉 사
山	메 산
三	석 삼
上	위 상
小	작을 소
水	물 수
十	열 십
五	다섯 오
王	임금 왕
月	달 월
二	두 이
人	사람 인
日	날 일
一	한 일
子	아들 자
中	가운데 중
七	일곱 칠
土	흙 토
八	여덟 팔
下	아래 하
火	불 화

급수별 선정한자 일람표

7급 선정한자

한자	훈음
江	강 강
工	장인 공
金	쇠 금, 성 김
男	사내 남
力	힘 력
立	설 립
目	눈 목
百	일백 백
生	날 생
石	돌 석
手	손 수
心	마음 심
入	들 입
自	스스로 자
足	발 족
川	내 천
千	일천 천
天	하늘 천
出	날 출
兄	맏 형

뜻과 음이 여럿인 한자

[8급]

한자	훈음
父	아버지 부, 남자미칭 보

[7급]

한자	훈음
金	쇠 금, 성 김

7·8급 교과서한자어 일람표

8급 교과서한자어

한자	독음
工夫	공부
內容	내용
動物	동물
文章	문장
事物	사물
生活	생활
先生님	선생님
植物	식물
意見	의견
人物	인물
注意	주의
親舊	친구
學校	학교

7급 교과서한자어

한자	독음
計算	계산
敎室	교실
規則	규칙
模型	모형
文章	문장
民俗	민속
發音	발음
方法	방법
配列	배열
邊	변
符號	부호
分明	분명
三角形	삼각형
想像	상상
生活	생활

7·8급 교과서한자어 일람표

線	선
詩	시
時間	시간
時計	시계
式	식
信號	신호
實感	실감
安全	안전
役割	역할
午前	오전
午後	오후
圓	원
姿勢	자세
自然	자연
場面	장면
整理	정리
正確	정확
準備	준비
重要	중요
質問	질문
體育	체육
體驗	체험
學校	학교
學年	학년
學習	학습
環境	환경
活動	활동

한자자격시험 8급 예상문제

1~10회

1회 한자자격시험 8급 예상문제

객관식 (1~30번)

■ 다음 [ ]안의 뜻에 맞는 한자를 골라 번호를 쓰시오.

1. [아들]   (   )
   ① 三   ② 五   ③ 子   ④ 山

2. [아래]   (   )
   ① 下   ② 育   ③ 小   ④ 上

3. [여덟]   (   )
   ① 人   ② 八   ③ 二   ④ 十

4. [문]   (   )
   ① 土   ② 月   ③ 門   ④ 五

5. [흙]   (   )
   ① 木   ② 土   ③ 女   ④ 白

6. [여섯]   (   )
   ① 女   ② 九   ③ 八   ④ 六

7. [위]   (   )
   ① 二   ② 下   ③ 子   ④ 上

8. [가운데] (   )
   ① 十   ② 門   ③ 中   ④ 日

9. [달]   (   )
   ① 日   ② 月   ③ 人   ④ 門

10. [불]   (   )
    ① 火   ② 水   ③ 土   ④ 七

■ 다음 문장 중에 쓰인 한자를 바르게 읽은 것을 골라 번호를 쓰시오.

11. 할아버지를 다른 말로는 '조父'라고 합니다.
    (   )
    ① 부   ② 모   ③ 목   ④ 화

12. 옛날에 당나귀 귀를 가진 王이 있었습니다.
    (   )
    ① 육   ② 왕   ③ 삼   ④ 인

13. 우리 집 가구가 망가져서 木수 아저씨를 불렀어요.
    (   )
    ① 이   ② 사   ③ 목   ④ 왕

14. 十년이면 강산도 변한다고 했습니다.
    (   )
    ① 자   ② 중   ③ 일   ④ 십

15. 부下 직원이 말을 듣지 않아요.
    (   )
    ① 하   ② 상   ③ 수   ④ 소

16. 할머니 손子 아이가 참 예쁘네요.
    (   )
    ① 토   ② 자   ③ 팔   ④ 오

17. 근小한 차이로 승부가 났습니다.
    (   )
    ① 모   ② 삼   ③ 소   ④ 사

18. 야구는 九회 말에도 역전이 될 수 있어요.
    (   )
    ① 자   ② 칠   ③ 구   ④ 팔

1회 한자자격시험 8급 예상문제

■ 다음 글을 읽고 밑줄 친 부분이 뜻하는 한자를 〈보기〉에서 골라 번호를 쓰시오.

> 지난 19)토요일 아침 20)9시에 21)아버지와 22)여동생과 나는 23)산에 올라갔습니다. 골짜기에는 24)물이 흐르고 있었고 25)나무와 풀도 많았습니다. 하늘에는 26)하얀 뭉게구름이 떠가고 있었고 바람은 시원하였습니다.

보기	① 父	② 山	③ 水	④ 土
	⑤ 九	⑥ 木	⑦ 白	⑧ 女

19. (   )   20. (   )
21. (   )   22. (   )
23. (   )   24. (   )
25. (   )   26. (   )

> 숫자 3, 4, 5가 있습니다. 이 27)가운데 가장 28)작은 수가 29)3이고 가장 큰 수는 30)5입니다. 4는 중간입니다.

보기	① 小	② 三	③ 五	④ 中

27. (   )   28. (   )
29. (   )   30. (   )

주관식 (31~50번)

■ 다음 한자어의 독음(소리)을 〈보기〉와 같이 쓰시오.

보기	一日 (일일)

31. 上下 (   )   32. 十八 (   )
33. 山中 (   )   34. 七月 (   )

■ 다음 한자의 훈(뜻)과 음(소리)을 〈보기〉와 같이 쓰시오.

보기	一 (하나 일)

35. 子 (   )   36. 白 (   )
37. 九 (   )   38. 山 (   )
39. 人 (   )   40. 六 (   )
41. 中 (   )   42. 火 (   )
43. 母 (   )   44. 上 (   )

■ 다음 문장 중 한자어의 독음(소리)을 보기에서 찾아 쓰시오.

보기	공부 주의 내용 학교 동물 친구

45. 아이들이 **學校** 운동장에서 놀고 있어요. (   )
46. 차분히 앉아 **工夫** 좀 해라. (   )
47. 그는 나의 둘도 없는 **親舊**입니다. (   )
48. 선생님께서 가방의 **內容**을 검사하셨어요.
(   )
49. 아무리 **注意**를 줘도 소용없습니다. (   )
50. 종이를 오려 여러 **動物** 모양을 만들어 보아요.
(   )

2회 한자자격시험 8급 예상문제

객관식 (1~30번)

■ 다음 [ ] 안의 뜻에 맞는 한자를 골라 번호를 쓰시오.

1. [아홉]　　（　　　）
   ① 九　　② 七　　③ 土　　④ 八

2. [작다]　　（　　　）
   ① 小　　② 九　　③ 女　　④ 人

3. [문]　　（　　　）
   ① 五　　② 門　　③ 中　　④ 王

4. [달]　　（　　　）
   ① 水　　② 月　　③ 日　　④ 山

5. [가운데]　（　　　）
   ① 門　　② 中　　③ 下　　④ 上

6. [여덟]　　（　　　）
   ① 二　　② 白　　③ 門　　④ 八

7. [둘]　　（　　　）
   ① 一　　② 九　　③ 二　　④ 子

8. [아래]　　（　　　）
   ① 九　　② 女　　③ 育　　④ 下

9. [나무]　　（　　　）
   ① 水　　② 父　　③ 木　　④ 母

10. [물]　　（　　　）
    ① 母　　② 王　　③ 水　　④ 月

■ 다음 문장 중에 쓰인 한자를 바르게 읽은 것을 골라 번호를 쓰시오.

11. 추우니 門을 닫고 들어 오너라.
    （　　　）
    ① 문　　② 인　　③ 자　　④ 중

12. 한강에는 수上 스키를 즐기는 사람들이 많습니다.
    （　　　）
    ① 하　　② 월　　③ 화　　④ 상

13. 올해는 강水량이 많아 계곡에 물이 많습니다.
    （　　　）
    ① 왕　　② 수　　③ 구　　④ 모

14. 어제는 오페라 白조의 호수를 보았습니다.
    （　　　）
    ① 사　　② 산　　③ 백　　④ 팔

15. 추운 겨울, 火로가에 사람들이 모여들었어요.
    （　　　）
    ① 오　　② 수　　③ 화　　④ 녀

16. 깊은 산속 山장으로 여행을 갔습니다.
    （　　　）
    ① 부　　② 토　　③ 산　　④ 하

17. 오늘은 금요日입니다.
    （　　　）
    ① 문　　② 일　　③ 하　　④ 십

18. 초등학교를 졸업하고 中학교에 들어갑니다.
    （　　　）
    ① 중　　② 삼　　③ 왕　　④ 육

2회 한자자격시험 8급 예상문제

■ 다음 글을 읽고 밑줄 친 부분이 뜻하는 한자를 〈보기〉에서 골라 번호를 쓰시오.

달풀이 노래
정¹⁹⁾월이라 초하룻날 흔떤 법떡 먹는 ²⁰⁾날
²¹⁾이월이라 한식날 한식 먹는 날
²²⁾삼월이라 삼짓날 제비 오는 날
²³⁾사월이라 초파일날 머리 깎고 활동하는 날
²⁴⁾오월이라 단오날 머리 빗고 그네 뛰는 날
²⁵⁾유월이라 보름날 유두 먹는 날
²⁶⁾칠월이라 칠석날 칠석 먹는 날
²⁷⁾팔월이라 보름날 신곡 차례하는 날
²⁸⁾구월이라 구일날 구일 먹는 날
시월이라 보름날 시제 먹는 날
동짓달이라 동짓날 팥죽 먹는 날
섣달이라 그믐날 호박범벅 먹는 날

보기	① 二	② 九	③ 月	④ 七
	⑤ 四	⑥ 六	⑦ 日	⑧ 三
	⑨ 八	⑩ 五		

19. (   )   20. (   )
21. (   )   22. (   )
23. (   )   24. (   )
25. (   )   26. (   )
27. (   )   28. (   )

²⁹⁾아버지와 ³⁰⁾아들은 부자지간입니다.

| 보기 | ① 白 | ② 子 | ③ 父 | ④ 上 |

29. (   )   30. (   )

주관식 (31~50번)

■ 다음 한자어의 독음(소리)을 〈보기〉와 같이 쓰시오.

| 보기 | 一日 (일일) |

31. 子女 (   )   32. 下人 (   )
33. 父王 (   )   34. 中日 (   )

■ 다음 한자의 훈(뜻)과 음(소리)을 〈보기〉와 같이 쓰시오.

| 보기 | 一 (하나 일) |

35. 門 (   )   36. 小 (   )
37. 口 (   )   38. 王 (   )
39. 女 (   )   40. 父 (   )
41. 水 (   )   42. 月 (   )
43. 土 (   )   44. 日 (   )

■ 다음 문장 중 한자어의 독음(소리)을 보기에서 찾아 쓰시오.

| 보기 | 생활   인물   선생   식물   문장   의견 |

45. **文章**의 의미를 모르겠습니다. (   )

46. 이 일을 주도한 **人物** 역시 여성입니다.
(   )

47. 규칙적인 **生活** 태도가 필요합니다. (   )

48. 그가 낸 **意見**은 받아들여지지 않았습니다.
(   )

49. 아이들이 **先生**님의 두 팔에 매달렸어요.
(   )

50. 그는 **植物** 채집에 정신이 팔려 다른 일은 아무 것도 하지 않았습니다. (   )

3회 한자자격시험 8급 예상문제

객관식 (1~30번)

■ 다음 [ ] 안의 뜻에 맞는 한자를 골라 번호를 쓰시오.

1. [어머니] ( )
   ① 父　　② 木　　③ 王　　④ 母

2. [넷] ( )
   ① 人　　② 九　　③ 四　　④ 子

3. [위] ( )
   ① 二　　② 上　　③ 三　　④ 王

4. [날] ( )
   ① 九　　② 日　　③ 月　　④ 水

5. [다섯] ( )
   ① 白　　② 五　　③ 火　　④ 子

6. [아들] ( )
   ① 子　　② 白　　③ 山　　④ 三

7. [여자] ( )
   ① 九　　② 七　　③ 土　　④ 女

8. [사람] ( )
   ① 人　　② 王　　③ 女　　④ 父

9. [입] ( )
   ① 人　　② 三　　③ 八　　④ 口

10. [아버지] ( )
    ① 七　　② 父　　③ 水　　④ 王

■ 다음 문장 중에 쓰인 한자를 바르게 읽은 것을 골라 번호를 쓰시오.

11. 현재 영국의 **女**왕은 엘리자베스입니다. ( )
    ① 왕　　② 여　　③ 이　　④ 자

12. 시장에서 **母**녀가 정답게 장을 보고 있습니다. ( )
    ① 목　　② 모　　③ 백　　④ 부

13. 이 산은 **土**양이 좋아서 식물들이 잘 자랍니다. ( )
    ① 토　　② 소　　③ 오　　④ 화

14. **月**요일은 수업을 듣기가 힘들어요. ( )
    ① 구　　② 이　　③ 월　　④ 삼

15. 원시**人**들은 무슨 옷을 입었지? ( )
    ① 월　　② 일　　③ 인　　④ 칠

16. 매일매일 **日**기 쓰는 습관을 들입시다. ( )
    ① 자　　② 중　　③ 일　　④ 구

17. **六**학년 언니들이 우리를 친절하게 맞아주었어요. ( )
    ① 여　　② 자　　③ 화　　④ 육

18. 마을 뒷동**山**에서 뻐꾸기가 지저귑니다. ( )
    ① 산　　② 상　　③ 소　　④ 삼

3회 한자자격시험 8급 예상문제

■ 다음 글을 읽고 밑줄 친 부분이 뜻하는 한자를 〈보기〉에서 골라 번호를 쓰시오.

> 19)5 20)월 21)8 22)일은 어버이 날입니다. 23)아버지, 24)어머니와 함께 25)산으로 소풍을 갔습니다. 26)나뭇가지 27)위에서 새들이 모여 노래하는 소리를 들으며 준비해간 도시락을 맛있게 먹었습니다.

보기	① 月	② 父	③ 八	④ 五
	⑤ 山	⑥ 上	⑦ 母	⑧ 日
	⑨ 木			

19. (   )   20. (   )
21. (   )   22. (   )
23. (   )   24. (   )
25. (   )   26. (   )
27. (   )

> 28)어머니와 29)딸은 모녀지간입니다. 촌수로는 30)일촌입니다.

보기	① 母	② 十	③ 一	④ 女

28. (   )   29. (   )
30. (   )

주관식 (31~50번)

■ 다음 한자어의 독음(소리)을 〈보기〉와 같이 쓰시오.

보기	一日 (일일)

31. 水中 (   )   32. 王子 (   )
33. 父母 (   )   34. 女人 (   )

■ 다음 한자의 훈(뜻)과 음(소리)을 〈보기〉와 같이 쓰시오.

보기	一 (하나 일)

35. 火 (   )   36. 上 (   )
37. 五 (   )   38. 女 (   )
39. 白 (   )   40. 小 (   )
41. 二 (   )   42. 子 (   )
43. 土 (   )   44. 一 (   )

■ 다음 문장 중 한자어의 독음(소리)을 보기에서 찾아 쓰시오.

보기	친구 공부 사물 학교 주의 내용

45. 망원경으로 멀리 있는 事物을 뚜렷이 볼 수 있습니다. (   )

46. 學校 신문에 그의 투고가 실렸습니다. (   )

47. 영희는 工夫 잘하는 철수가 부러웠어요. (   )

48. 옛날 親舊들과 연락이 끊어진 지 오래입니다. (   )

49. 그 글의 內容을 정확히 이해하지 못하겠어요. (   )

50. 그는 도로에 있는 注意 표지를 보지 못했습니다. (   )

4회 한자자격시험 8급 예상문제

객관식 (1~30번)

■ 다음 [ ] 안의 뜻에 맞는 한자를 골라 번호를 쓰시오.

1. [여섯]　(　　　)
   ① 五　② 七　③ 六　④ 八

2. [흰]　(　　　)
   ① 日　② 月　③ 白　④ 九

3. [셋]　(　　　)
   ① 三　② 日　③ 二　④ 上

4. [흙]　(　　　)
   ① 土　② 上　③ 水　④ 下

5. [산]　(　　　)
   ① 木　② 上　③ 月　④ 山

6. [하나]　(　　　)
   ① 九　② 小　③ 一　④ 子

7. [열]　(　　　)
   ① 中　② 十　③ 門　④ 八

8. [임금]　(　　　)
   ① 王　② 五　③ 月　④ 父

9. [일곱]　(　　　)
   ① 女　② 七　③ 六　④ 下

10. [불]　(　　　)
    ① 六　② 火　③ 母　④ 父

■ 다음 문장 중에 쓰인 한자를 바르게 읽은 것을 골라 번호를 쓰시오.

11. 엄마의 母유를 먹고 자라서 아주 건강합니다.
    (　　　)
    ① 일　② 중　③ 사　④ 모

12. 六학년이 지나면 곧 졸업입니다.
    (　　　)
    ① 부　② 이　③ 월　④ 육

13. 小를 버리고 대를 구해야 합니다.
    (　　　)
    ① 십　② 토　③ 소　④ 팔

14. 아버지 月급이 작다고 엄마가 아쉬워하셨어요.
    (　　　)
    ① 산　② 소　③ 월　④ 하

15. 백두山은 우리 민족의 상징입니다.
    (　　　)
    ① 구　② 팔　③ 산　④ 십

16. 水돗물은 그냥 마셔도 될 만큼 깨끗합니다.
    (　　　)
    ① 수　② 인　③ 일　④ 화

17. 소火기가 있어야 불을 끌 수 있어요.
    (　　　)
    ① 중　② 화　③ 사　④ 백

18. 우리나라의 人구는 4천 5백만 명 정도입니다.
    (　　　)
    ① 여　② 사　③ 중　④ 인

4회 한자자격시험 8급 예상문제

■ 다음 글을 읽고 밑줄 친 부분이 뜻하는 한자를 〈보기〉에서 골라 번호를 쓰시오.

> 나는 [19)]아홉 살 난 [20)]여자아이입니다. 이제 초등학교 [21)]2학년이 되었습니다. 나는 꽃과 [22)]나무를 좋아합니다. 지난 [23)]금요일에는 할머니와 시장에 가서 화분을 사 왔습니다. 화분에 [24)]흙을 붓고 꽃을 심은 후 [25)]물을 부어 주었습니다.

보기	① 水 ② 九 ③ 金 ④ 女
	⑤ 土 ⑥ 二 ⑦ 木

19. (　　　)　　20. (　　　)
21. (　　　)　　22. (　　　)
23. (　　　)　　24. (　　　)
25. (　　　)

> 음력 1[26)]월 1[27)]일은 설날입니다. 설날을 맞아 가족끼리 윷놀이를 하였습니다. [28)]어머니와 딸이 같은 팀이고, [29)]아버지와 [30)]아들이 한 팀이었습니다. 남자는 남자끼리, 여자는 여자끼리 같은 팀이 될 것이지요.

보기	① 子 ② 月 ③ 母 ④ 日
	⑤ 父

26. (　　　)　　27. (　　　)
28. (　　　)　　29. (　　　)
30. (　　　)

주관식 (31~50번)

■ 다음 한자어의 독음(소리)을 〈보기〉와 같이 쓰시오.

보기	一日 (일일)

31. 山上 (　　　)　　32. 六月 (　　　)
33. 父子 (　　　)　　34. 白人 (　　　)

■ 다음 한자의 훈(뜻)과 음(소리)을 〈보기〉와 같이 쓰시오.

보기	一 (하나 일)

35. 父 (　　　)　　36. 水 (　　　)
37. 九 (　　　)　　38. 木 (　　　)
39. 三 (　　　)　　40. 玉 (　　　)
41. 五 (　　　)　　42. 月 (　　　)
43. 八 (　　　)　　44. 門 (　　　)

■ 다음 문장 중 한자어의 독음(소리)을 보기에서 찾아 쓰시오.

보기	선생　생활　동물　인물　문장　의견

45. 動物 모양의 탈을 만들어 봐요. (　　　)
46. 文章의 끝에 마침표를 찍으세요. (　　　)
47. 존경받는 人物이 되고 싶습니다. (　　　)
48. 올해로 결혼 生活 삼 년째입니다. (　　　)
49. 친구들의 意見을 존중해야 합니다. (　　　)
50. 훌륭한 先生님을 만나 다행입니다. (　　　)

5회 한자자격시험 8급 예상문제

객관식 (1~30번)

■ 다음 [ ] 안의 뜻에 맞는 한자를 골라 번호를 쓰시오.

1. [문]   (   )
   ① 門   ② 人   ③ 白   ④ 中

2. [아래]   (   )
   ① 下   ② 木   ③ 上   ④ 小

3. [위]   (   )
   ① 五   ② 中   ③ 上   ④ 五

4. [일곱]   (   )
   ① 土   ② 七   ③ 上   ④ 八

5. [흰]   (   )
   ① 日   ② 白   ③ 月   ④ 九

6. [둘]   (   )
   ① 女   ② 九   ③ 月   ④ 二

7. [작다]   (   )
   ① 上   ② 土   ③ 小   ④ 下

8. [물]   (   )
   ① 中   ② 六   ③ 水   ④ 木

9. [아홉]   (   )
   ① 水   ② 十   ③ 九   ④ 八

10. [가운데] (   )
    ① 母   ② 十   ③ 門   ④ 中

■ 다음 문장 중에 쓰인 한자를 바르게 읽은 것을 골라 번호를 쓰시오.

11. 女학생들이 모두 교복을 입으니 단정하네요.
    (   )
    ① 모   ② 왕   ③ 팔   ④ 여

12. 이번 土요일에는 가족들과 여행을 갑니다.
    (   )
    ① 토   ② 삼   ③ 목   ④ 문

13. 두루미가 白색 날개를 멋들어지게 펼쳤습니다.
    (   )
    ① 상   ② 백   ③ 소   ④ 칠

14. 내가 보기엔 王관이 참 무거울 것 같아.
    (   )
    ① 자   ② 인   ③ 왕   ④ 수

15. 아파트 출입口가 너무 좁게 생겼네.
    (   )
    ① 구   ② 일   ③ 하   ④ 화

16. 공子님은 동양의 큰 스승입니다.
    (   )
    ① 상   ② 자   ③ 문   ④ 모

17. 上위권 학생들은 학교에 일찍 오는 편이에요.
    (   )
    ① 칠   ② 하   ③ 상   ④ 화

18. 요즘엔 十원짜리 동전을 보기가 어렵습니다.
    (   )
    ① 이   ② 칠   ③ 사   ④ 십

5회 한자자격시험 8급 예상문제

■ 다음 글을 읽고 밑줄 친 부분이 뜻하는 한자를 〈보기〉에서 골라 번호를 쓰시오.

우리 가족 모두는 지난 19)목요일부터 20)4일간 동해바다로 여름휴가를 갔습니다. 바닷가에는 많은 21)사람들이 있었고 22)불 같은 태양이 내리쬐고 있었습니다. 사람들은 23)하얀 모래사장 24)위에서 25)삼삼26)오오 모여 즐거운 시간들을 보내고 있었습니다. 모두 즐거운 표정이었습니다.

보기	① 白	② 木	③ 四	④ 人
	⑤ 火	⑥ 五	⑦ 三	⑧ 上

19. (　　　)　　20. (　　　)
21. (　　　)　　22. (　　　)
23. (　　　)　　24. (　　　)
25. (　　　)　　26. (　　　)

4²⁷⁾월 5²⁸⁾일은 식목일입니다. 29)산에 올라가서 30)나무를 심는 날이지요.

보기	① 山	② 木	③ 月	④ 日

27. (　　　)　　28. (　　　)
29. (　　　)　　30. (　　　)

주관식 (31~50번)

■ 다음 한자어의 독음(소리)을 〈보기〉와 같이 쓰시오.

보기	一日 (일일)

31. 子女 (　　　)　　32. 下人 (　　　)
33. 十五 (　　　)　　34. 水中 (　　　)

■ 다음 한자의 훈(뜻)과 음(소리)을 〈보기〉와 같이 쓰시오.

보기	一 (하나 일)

35. 四 (　　　)　　36. 日 (　　　)
37. 母 (　　　)　　38. 十 (　　　)
39. 人 (　　　)　　40. 口 (　　　)
41. 山 (　　　)　　42. 下 (　　　)
43. 七 (　　　)　　44. 中 (　　　)

■ 다음 문장 중 한자어의 독음(소리)을 보기에서 찾아 쓰시오.

보기	사물　식물　친구　학교　내용　공부

45. 植物들이 말라 죽었어요. (　　　)

46. 그들은 한 事物을 보고 다른 반응을 보였습니다.
　(　　　)

47. 學校 정문에서 그 애와 부딪쳤어요. (　　　)

48. 동생은 工夫 잘하는 오빠를 시새움했습니다.
　(　　　)

49. 모습이 너무 변해서 親舊들조차 알아보지 못했습니다.
　(　　　)

50. 속의 內容을 알 수 없도록 단단히 포장하세요.
　(　　　)

6회 한자자격시험 8급 예상문제

객관식 (1~30번)

■ 다음 [ ] 안의 뜻에 맞는 한자를 골라 번호를 쓰시오.

1. [여자] ( )
   ① 九   ② 女   ③ 六   ④ 母

2. [달] ( )
   ① 四   ② 白   ③ 日   ④ 月

3. [아버지] ( )
   ① 中   ② 父   ③ 子   ④ 王

4. [사람] ( )
   ① 木   ② 人   ③ 門   ④ 五

5. [입] ( )
   ① 父   ② 上   ③ 口   ④ 母

6. [아들] ( )
   ① 下   ② 女   ③ 子   ④ 小

7. [넷] ( )
   ① 女   ② 九   ③ 四   ④ 中

8. [나무] ( )
   ① 木   ② 山   ③ 子   ④ 下

9. [열] ( )
   ① 十   ② 九   ③ 五   ④ 王

10. [불] ( )
    ① 六   ② 父   ③ 小   ④ 火

■ 다음 문장 중에 쓰인 한자를 바르게 읽은 것을 골라 번호를 쓰시오.

11. 오늘은 父모님이 수업에 함께하는 날입니다.
    ( )
    ① 구   ② 왕   ③ 하   ④ 부

12. 장수마을에는 九십이 넘는 노인들이 많습니다.
    ( )
    ① 팔   ② 구   ③ 칠   ④ 육

13. 광림 수木원에는 다양한 나무가 많습니다.
    ( )
    ① 목   ② 월   ③ 수   ④ 중

14. 저 투수는 벌써 많은 타자를 三진 아웃시켰어요.
    ( )
    ① 일   ② 모   ③ 삼   ④ 왕

15. 대門 단속을 잘해야 합니다.
    ( )
    ① 소   ② 토   ③ 문   ④ 하

16. 우리 형제는 五남매입니다.
    ( )
    ① 십   ② 수   ③ 부   ④ 오

17. 식목日에 다함께 나무를 심으러 가요.
    ( )
    ① 여   ② 일   ③ 팔   ④ 토

18. 시소를 탈 때는 中심이 잘 맞아야 합니다.
    ( )
    ① 중   ② 수   ③ 왕   ④ 일

6회 한자자격시험 8급 예상문제

■ 다음 글을 읽고 밑줄 친 부분이 뜻하는 한자를 〈보기〉에서 골라 번호를 쓰시오.

> 19)5 20)월 21)8 22)일은 어버이날입니다. 우리를 낳아주시고 길러주신 23)아버지와 24)어머니의 은혜에 감사하는 날입니다. 형과 나는 용돈을 모아 25)조그마한 선물을 준비했습니다. 가슴에 카네이션을 달아드리고 선물을 드리니 부모님의 26)마음이 기쁘신 것 같았습니다.

보기	① 五	② 母	③ 八	④ 父
	⑤ 日	⑥ 小	⑦ 心	⑧ 月

19. (   )   20. (   )
21. (   )   22. (   )
23. (   )   24. (   )
25. (   )   26. (   )

> 높은 27)산꼭대기에서 28)위를 쳐다보니 29)흰 구름이 떠가고 있었고, 발 30)아래로는 강물이 시원하게 흘러가고 있었습니다.

보기	① 下	② 白	③ 上	④ 山

27. (   )   28. (   )
29. (   )   30. (   )

주관식 (31~50번)

■ 다음 한자어의 독음(소리)을 〈보기〉와 같이 쓰시오.

보기	一日 (일일)

31. 山上 (   )   32. 日月 (   )
33. 十九 (   )   34. 王子 (   )

■ 다음 한자의 훈(뜻)과 음(소리)을 〈보기〉와 같이 쓰시오.

보기	一 (하나 일)

35. 人 (   )   36. 門 (   )
37. 九 (   )   38. 山 (   )
39. 五 (   )   40. 日 (   )
41. 七 (   )   42. 土 (   )
43. 火 (   )   44. 三 (   )

■ 다음 문장 중 한자어의 독음(소리)을 보기에서 찾아 쓰시오.

보기	동물	문장	의견	생활	주의	인물

45. 아버지의 말씀은 늘 注意 깊게 들어야 합니다.
(   )

46. 나는 動物을 무척 좋아합니다. (   )

47. 이 소설은 文章이 거칩니다. (   )

48. 범인은 의외의 人物일 수도 있습니다. (   )

49. 유물을 통해 고대인들의 生活 방식을 알 수 있어요.
(   )

50. 이 意見에 반대하는 사람은 손을 들고 말하세요.
(   )

7회 한자자격시험 8급 예상문제

객관식 (1~30번)

■ 다음 [ ] 안의 뜻에 맞는 한자를 골라 번호를 쓰시오.

1. [여섯] (　　　)
   ① 六　　② 九　　③ 父　　④ 月

2. [산] (　　　)
   ① 中　　② 山　　③ 水　　④ 下

3. [하나] (　　　)
   ① 十　　② 上　　③ 土　　④ 一

4. [흙] (　　　)
   ① 山　　② 江　　③ 土　　④ 日

5. [다섯] (　　　)
   ① 女　　② 五　　③ 口　　④ 火

6. [날] (　　　)
   ① 月　　② 口　　③ 中　　④ 日

7. [어머니] (　　　)
   ① 四　　② 門　　③ 父　　④ 母

8. [셋] (　　　)
   ① 土　　② 八　　③ 三　　④ 火

9. [임금] (　　　)
   ① 六　　② 九　　③ 王　　④ 人

10. [여덟] (　　　)
    ① 八　　② 山　　③ 七　　④ 子

■ 다음 문장 중에 쓰인 한자를 바르게 읽은 것을 골라 번호를 쓰시오.

11. 가구들은 대부분 木재로 만듭니다.
    (　　　)
    ① 모　　② 목　　③ 백　　④ 인

12. 영철이는 준호에 비해 왜小하고 힘이 약해요.
    (　　　)
    ① 팔　　② 소　　③ 하　　④ 백

13. 모처럼 식口들이 주말에 모두 모였습니다.
    (　　　)
    ① 월　　② 부　　③ 구　　④ 모

14. 전화한 지 十분이 지나자마자 배달이 왔어요.
    (　　　)
    ① 자　　② 중　　③ 십　　④ 오

15. 아버지가 月차 휴가를 내서 가족들과 함께 유원지에 다녀왔습니다.
    (　　　)
    ① 모　　② 문　　③ 소　　④ 월

16. 북한山은 많은 서울시민들이 오르는 명산입니다.
    (　　　)
    ① 산　　② 사　　③ 모　　④ 월

17. 父녀가 사이좋게 손을 잡고 걷고 있습니다.
    (　　　)
    ① 부　　② 일　　③ 목　　④ 산

18. 순白의 미소가 아름다웠습니다.
    (　　　)
    ① 인　　② 토　　③ 팔　　④ 백

7회 한자자격시험 8급 예상문제

■ 다음 글을 읽고 밑줄 친 부분이 뜻하는 한자를 〈보기〉에서 골라 번호를 쓰시오.

> 정월대보름은 음력 1월 15일입니다. 1년 ¹⁹⁾중 달이 가장 크게 뜨는 ²⁰⁾날이래요. ²¹⁾달을 보며 풍년을 기원하고 소원을 빌기도 해요. 우리는 ²²⁾어머니가 ²³⁾다섯 가지 곡식으로 지어 주신 오곡밥과 ²⁴⁾일곱 가지 나물반찬을 맛있게 먹어요. ²⁵⁾문 밖에는 복조리를 달아 두는데, 이렇게 하면 복이 온다고 해요.

보기	① 月 ② 母 ③ 七 ④ 日 ⑤ 五 ⑥ 門 ⑦ 中

19. (   )   20. (   )
21. (   )   22. (   )
23. (   )   24. (   )
25. (   )

> 우리 가족은 모두 ²⁶⁾다섯 명입니다. ²⁷⁾아버지, ²⁸⁾어머니, ²⁹⁾형, 그리고 ³⁰⁾여자 동생입니다.

보기	① 女 ② 五 ③ 母 ④ 兄 ⑤ 父

26. (   )   27. (   )
28. (   )   29. (   )
30. (   )

주관식 (31~50번)

■ 다음 한자어의 독음(소리)을 〈보기〉와 같이 쓰시오.

보기	一日 (일일)

31. 白人 (   )   32. 父母 (   )
33. 上下 (   )   34. 子女 (   )

■ 다음 한자의 훈(뜻)과 음(소리)을 〈보기〉와 같이 쓰시오.

보기	一 (하나 일)

35. 小 (   )   36. 母 (   )
37. 水 (   )   38. 中 (   )
39. 木 (   )   40. 四 (   )
41. 十 (   )   42. 下 (   )
43. 二 (   )   44. 口 (   )

■ 다음 문장 중 한자어의 독음(소리)을 보기에서 찾아 쓰시오.

보기	식물 공부 선생 친구 사물 학교

45. 先生님 댁에 문병을 갔어요. (   )
46. 植物은 뿌리에 영양분을 저장합니다. (   )
47. 눈앞의 事物들이 흐리게 보입니다. (   )
48. 언니는 學校 근처에 자취방을 얻었어요.
(   )
49. 동생이 형보다 工夫 면에서 처져 있습니다.
(   )
50. 아내는 親舊 딸을 며느리 삼고 싶어했습니다.
(   )

8회 한자자격시험 8급 예상문제

객관식 (1~30번)

■ 다음 [ ] 안의 뜻에 맞는 한자를 골라 번호를 쓰시오.

1. [아버지]   (   )
   ① 六   ② 父   ③ 口   ④ 五

2. [문]   (   )
   ① 月   ② 中   ③ 門   ④ 人

3. [날]   (   )
   ① 白   ② 木   ③ 小   ④ 日

4. [가운데]   (   )
   ① 中   ② 七   ③ 水   ④ 五

5. [나무]   (   )
   ① 門   ② 木   ③ 白   ④ 日

6. [흙]   (   )
   ① 木   ② 山   ③ 土   ④ 八

7. [넷]   (   )
   ① 母   ② 五   ③ 中   ④ 四

8. [불]   (   )
   ① 父   ② 八   ③ 火   ④ 王

9. [어머니]   (   )
   ① 中   ② 子   ③ 門   ④ 母

10. [일곱]   (   )
    ① 九   ② 八   ③ 六   ④ 七

■ 다음 문장 중에 쓰인 한자를 바르게 읽은 것을 골라 번호를 쓰시오.

11. 장母님 사랑은 사위 사랑이란 말이 있습니다.
    (   )
    ① 모   ② 구   ③ 부   ④ 중

12. 아름다운 자태의 女인이 지나갔습니다.
    (   )
    ① 여   ② 자   ③ 인   ④ 왕

13. 이 산에서는 아주 좋은 약水가 나옵니다.
    (   )
    ① 수   ② 일   ③ 토   ④ 화

14. 옛날에 부부 금슬이 좋은 王과 왕비가 살았어요.
    (   )
    ① 일   ② 월   ③ 왕   ④ 칠

15. 점점 분위기와 열기가 上승하고 있습니다.
    (   )
    ① 이   ② 상   ③ 백   ④ 모

16. 학생들의 下체가 부실한 것은 많이 걷지 않기 때문입니다.
    (   )
    ① 사   ② 하   ③ 칠   ④ 상

17. 내 몸집은 크지도 작지도 않으니 中간 옷을 입는 것이 좋겠어요.
    (   )
    ① 소   ② 하   ③ 중   ④ 상

18. 남대門은 우리 민족의 중요한 문화유산입니다.
    (   )
    ① 인   ② 월   ③ 문   ④ 오

8회 한자자격시험 8급 예상문제

■ 다음 글을 읽고 밑줄 친 부분이 뜻하는 한자를 <보기>에서 골라 번호를 쓰시오.

> 지난 19)일요일, 20)아버지와 함께 태백산에 갔습니다. 겨울이라 눈이 많이 와서 21)산 전체가 온통 22)하얗게 보였습니다. 23)두 시간쯤 올라가니 산 정상이 나왔습니다. 발 24)아래로 펼쳐지는 자연은 실로 아름다웠습니다. 모든 25)나무가 하얀 옷을 입고 있는 듯 했습니다.

보기	① 日 ② 下 ③ 山 ④ 二
	⑤ 白 ⑥ 木 ⑦ 父

19. (　　　)　　20. (　　　)
21. (　　　)　　22. (　　　)
23. (　　　)　　24. (　　　)
25. (　　　)

> 공휴일을 맞아 우리는 소풍을 갔습니다. 남산 26)위에 있는 공원에 갔는데, 그 공원에는 27)사람들이 많지 않았습니다. 공원 28)가운데에는 29)작은 연못이 있었고 그 안에는 잉어 30)열 마리가 한가롭게 헤엄치고 있었습니다. 가족들과 함께한 무척 즐거운 시간이었습니다.

보기	① 小 ② 上 ③ 人 ④ 十
	⑤ 中

26. (　　　)　　27. (　　　)
28. (　　　)　　29. (　　　)
30. (　　　)

주관식 (31~50번)

■ 다음 한자어의 독음(소리)을 <보기>와 같이 쓰시오.

보기	一日 (일일)

31. 七月 (　　　)　　32. 人口 (　　　)
33. 子女 (　　　)　　34. 父王 (　　　)

■ 다음 한자의 훈(뜻)과 음(소리)을 <보기>와 같이 쓰시오.

보기	一 (하나 일)

35. 白 (　　　)　　36. 上 (　　　)
37. 王 (　　　)　　38. 六 (　　　)
39. 月 (　　　)　　40. 父 (　　　)
41. 子 (　　　)　　42. 八 (　　　)
43. 一 (　　　)　　44. 女 (　　　)

■ 다음 문장 중 한자어의 독음(소리)을 보기에서 찾아 쓰시오.

보기	생활　식물　인물　의견　주의　선생

45. 다음 번 연극의 **人物**을 설정하는 데 단원 모두가 참여하였습니다. (　　　)

46. 그 **意見**에 전적으로 동의했습니다. (　　　)

47. 많은 **生活** 폐수가 하천에 배출되고 있습니다. (　　　)

48. 이 **植物**은 추위를 잘 견딥니다. (　　　)

49. 설날에 **先生**님 댁에 찾아가서 세배를 드렸습니다. (　　　)

50. 가스렌지를 사용할 때는 **注意**해야 합니다. (　　　)

9회 한자자격시험 8급 예상문제

객관식 (1~30번)

■ 다음 [ ] 안의 뜻에 맞는 한자를 골라 번호를 쓰시오.

1. [임금]   (   )
   ① 九   ② 王   ③ 口   ④ 火

2. [계집]   (   )
   ① 日   ② 王   ③ 女   ④ 五

3. [여덟]   (   )
   ① 八   ② 母   ③ 六   ④ 月

4. [불]   (   )
   ① 火   ② 水   ③ 木   ④ 白

5. [아들]   (   )
   ① 父   ② 四   ③ 人   ④ 子

6. [아래]   (   )
   ① 二   ② 七   ③ 木   ④ 下

7. [물]   (   )
   ① 火   ② 中   ③ 水   ④ 九

8. [희다]   (   )
   ① 父   ② 門   ③ 白   ④ 火

9. [일곱]   (   )
   ① 七   ② 九   ③ 五   ④ 下

10. [문]   (   )
    ① 門   ② 月   ③ 二   ④ 中

■ 다음 문장 중에 쓰인 한자를 바르게 읽은 것을 골라 번호를 쓰시오.

11. 뜨거운 물에 가벼운 火상을 입었습니다.
    (   )
    ① 목   ② 중   ③ 화   ④ 칠

12. 벌써 겨울의 12月이네요.
    (   )
    ① 모   ② 수   ③ 월   ④ 오

13. 오토바이는 바퀴가 둘이라서 二륜 자동차라 해요.
    (   )
    ① 백   ② 이   ③ 상   ④ 구

14. 우리 식구는 모두 五명입니다.
    (   )
    ① 녀   ② 문   ③ 화   ④ 오

15. 우리 강산, 우리 國土를 사랑합시다.
    (   )
    ① 자   ② 토   ③ 왕   ④ 부

16. 소금은 하루에 小량 섭취하는 것이 좋습니다.
    (   )
    ① 구   ② 십   ③ 소   ④ 이

17. 비행기가 착륙하기 위해 下강 중입니다.
    (   )
    ① 하   ② 상   ③ 일   ④ 문

18. 백두山에는 아직도 호랑이가 산대요.
    (   )
    ① 산   ② 월   ③ 목   ④ 수

9회 한자자격시험 8급 예상문제

■ 다음 글을 읽고 밑줄 친 부분이 뜻하는 한자를 〈보기〉에서 골라 번호를 쓰시오.

> 19)7월을 지나 20)8월이 왔습니다. 21)불 같이 무더운 더위를 피해 22)엄마, 23)아빠와 모든 식24)구들이 시원한 계곡25)물을 찾았습니다. 26)산의 27)나무는 푸르고 28)흰 구름이 유유히 흐르는 꿈 같은 시간입니다.

보기	① 母	② 水	③ 七	④ 火
	⑤ 八	⑥ 口	⑦ 白	⑧ 山
	⑨ 父	⑩ 木		

19. (　　) 20. (　　)
21. (　　) 22. (　　)
23. (　　) 24. (　　)
25. (　　) 26. (　　)
27. (　　) 28. (　　)

> 우리 집은 14층입니다. 그래서 보통 승강기를 타고 29)위로 올라갑니다. 승강기 30)문이 열리면 바로 집이 보입니다.

보기	① 下	② 上	③ 門

29. (　　) 30. (　　)

주관식 (31~50번)

■ 다음 한자어의 독음(소리)을 〈보기〉와 같이 쓰시오.

보기	一日 (일일)

31. 十月 (　　) 32. 母子 (　　)
33. 人口 (　　) 34. 父王 (　　)

■ 다음 한자의 훈(뜻)과 음(소리)을 〈보기〉와 같이 쓰시오.

보기	一 (하나 일)

35. 日 (　　) 36. 子 (　　)
37. 三 (　　) 38. 上 (　　)
39. 人 (　　) 40. 土 (　　)
41. 六 (　　) 42. 火 (　　)
43. 白 (　　) 44. 八 (　　)

■ 다음 문장 중 한자어의 독음(소리)을 〈보기〉에서 찾아 쓰시오.

보기	문장　동물　사물　학교　내용　생활

45. 이 글의 **內容**을 잘 파악해 보세요. (　　)

46. 방학 **生活**을 알차게 보낸 것 같습니다. (　　)

47. 어디서 많이 본 **文章**인데요. (　　)

48. 사람들은 **事物**에 이름을 붙였어요. (　　)

49. **動物** 농장으로 소풍을 다녀왔습니다. (　　)

50. 장마 때문에 **學校**가 문을 닫았습니다. (　　)

10회 한자자격시험 8급 예상문제

객관식 (1~30번)

■ 다음 [ ] 안의 뜻에 맞는 한자를 골라 번호를 쓰시오.

1. [달]   (   )
   ① 月   ② 女   ③ 王   ④ 木

2. [어머니] (   )
   ① 口   ② 五   ③ 母   ④ 水

3. [산]   (   )
   ① 下   ② 山   ③ 上   ④ 火

4. [여섯]   (   )
   ① 人   ② 六   ③ 三   ④ 山

5. [가운데] (   )
   ① 王   ② 九   ③ 中   ④ 門

6. [위]   (   )
   ① 上   ② 六   ③ 土   ④ 小

7. [흙]   (   )
   ① 二   ② 人   ③ 七   ④ 土

8. [아홉]   (   )
   ① 五   ② 十   ③ 水   ④ 九

9. [사람]   (   )
   ① 子   ② 父   ③ 女   ④ 人

10. [작다] (   )
    ① 下   ② 火   ③ 小   ④ 水

■ 다음 문장 중에 쓰인 한자를 바르게 읽은 것을 골라 번호를 쓰시오.

11. 서울의 수돗물은 아리水입니다.
    (   )
    ① 월   ② 상   ③ 팔   ④ 수

12. 운동 경기 中에는 모든 생각이 사라져요.
    (   )
    ① 목   ② 중   ③ 백   ④ 이

13. 日기 쓰는 습관 덕분에 글쓰기 실력이 늘었습니다.
    (   )
    ① 월   ② 일   ③ 십   ④ 사

14. 우리 아버지는 모두 인정하는 효子입니다.
    (   )
    ① 중   ② 자   ③ 목   ④ 사

15. 가위 바위 보는 보통 三 세 판을 합니다.
    (   )
    ① 삼   ② 사   ③ 오   ④ 이

16. 시내에 백人과 흑人 등 외국인이 많이 늘었어요.
    (   )
    ① 팔   ② 녀   ③ 인   ④ 구

17. 여객선 선上에선 즐거운 잔치가 한창입니다.
    (   )
    ① 상   ② 하   ③ 산   ④ 부

18. 오늘은 우리 부母님 결혼기념일이에요.
    (   )
    ① 오   ② 모   ③ 중   ④ 토

10회 한자자격시험 8급 예상문제

■ 다음 글을 읽고 밑줄 친 부분이 뜻하는 한자를 〈보기〉에서 골라 번호를 쓰시오.

옛날에 어느 ¹⁹⁾왕에게 예쁜 ²⁰⁾딸이 있었습니다. ²¹⁾위 ²²⁾아래 대신들은 물론, 모든 ²³⁾사람들이 공주를 사랑했어요. 그러던 어느 날 공주의 방²⁴⁾문이 망가졌습니다. ²⁵⁾5~²⁶⁾6인의 어른이 힘을 썼지만 열리지 않았습니다. 그 ²⁷⁾가운데 ²⁸⁾흰 옷을 입은 지혜로운 소년이 나타나 창문으로 들어가 문을 열었습니다.

보기	① 下	② 王	③ 門	④ 白
	⑤ 中	⑥ 六	⑦ 五	⑧ 人
	⑨ 上	⑩ 女		

19. (   ) 20. (   )
21. (   ) 22. (   )
23. (   ) 24. (   )
25. (   ) 26. (   )
27. (   ) 28. (   )

우리 집 뒷동²⁹⁾산에는 아름드리 ³⁰⁾나무들이 우거지고 작은 동물들도 가끔 보입니다.

보기	① 木	② 山	③ 水

29. (   ) 30. (   )

주관식 (31~50번)

■ 다음 한자어의 독음(소리)을 〈보기〉와 같이 쓰시오.

보기	一日 (일일)

31. 王子 (   ) 32. 白人 (   )
33. 父子 (   ) 34. 山上 (   )

■ 다음 한자의 훈(뜻)과 음(소리)을 〈보기〉와 같이 쓰시오.

보기	一 (하나 일)

35. 中 (   ) 36. 王 (   )
37. 九 (   ) 38. 下 (   )
39. 木 (   ) 40. 女 (   )
41. 七 (   ) 42. 小 (   )
43. 十 (   ) 44. 水 (   )

■ 다음 문장 중 한자어의 독음(소리)을 〈보기〉에서 찾아 쓰시오.

보기	선생 주의 공부 인물 친구 의견

45. 훌륭한 人物을 닮아야지! (   )

46. 시험 볼 때는 문제를 注意하여 살펴야 합니다.
(   )

47. 先生님께서 재미있는 이야기를 해주셨어요.
(   )

48. 意見을 말하기 전에 먼저 손을 드세요. (   )

49. 여러 親舊와 함께 축구경기를 했습니다. (   )

50. 할아버지께서는 인사하는 것도 중요한 工夫라고 말씀하셨어요. (   )

한자자격시험 8급 기출문제

1~4회

1회 한자자격시험 8급 기출문제

객관식 (1~30번)

■ 다음 [ ] 안의 뜻에 맞는 한자를 골라 번호를 쓰시오.

1. [아버지]   (   )
   ① 五   ② 母   ③ 山   ④ 父

2. [입]   (   )
   ① 白   ② 口   ③ 水   ④ 日

3. [아홉]   (   )
   ① 五   ② 人   ③ 九   ④ 十

4. [아들]   (   )
   ① 子   ② 女   ③ 二   ④ 山

5. [사람]   (   )
   ① 王   ② 人   ③ 木   ④ 七

6. [어머니]   (   )
   ① 母   ② 口   ③ 月   ④ 火

7. [계집]   (   )
   ① 門   ② 父   ③ 女   ④ 人

8. [아래]   (   )
   ① 中   ② 土   ③ 上   ④ 下

9. [여섯]   (   )
   ① 六   ② 九   ③ 三   ④ 八

10. [흙]   (   )
    ① 下   ② 土   ③ 小   ④ 水

■ 다음 문장 중에 쓰인 한자를 바르게 읽은 것을 골라 번호를 쓰시오.

11. 언니는 三학년 2반입니다.
    (   )
    ① 이   ② 삼   ③ 사   ④ 오

12. 門이 자동으로 열립니다.
    (   )
    ① 문   ② 분   ③ 굴   ④ 책

13. 오늘은 火요일입니다.
    (   )
    ① 월   ② 화   ③ 수   ④ 목

14. 사자를 동물의 王이라고 부릅니다.
    (   )
    ① 부   ② 랑   ③ 상   ④ 왕

15. 자동차는 八八올림픽 고속도로를 달렸습니다.
    (   )
    ① 육육   ② 칠칠   ③ 팔팔   ④ 구구

16. "白군 이겨라!"
    (   )
    ① 백   ② 청   ③ 홍   ④ 적

17. 2월 29일은 四년에 한 번 돌아옵니다.
    (   )
    ① 일   ② 이   ③ 삼   ④ 사

18. 사촌형은 中학생입니다.
    (   )
    ① 고   ② 중   ③ 저   ④ 초

1회 한자자격시험 8급 기출문제

■ 다음 글을 읽고 밑줄 친 부분이 뜻하는 한자를 〈보기〉에서 골라 번호를 쓰시오.

왕국에 여름이 왔습니다. ¹⁹⁾임금님은 ²⁰⁾7일 동안 백성들을 위해 축제를 열겠다고 말씀하셨습니다. 축제날 아침 ²¹⁾해가 떠오르자 백성들은 집집마다 ²²⁾문에 꽃장식을 하였습니다. 파란 하늘에는 ²³⁾흰 뭉게구름이 떠다녔고 ²⁴⁾나무 ²⁵⁾위로는 새들이 날아다녔습니다.
거리에는 신기한 옷을 입은 사람들의 행진이 이어졌습니다. 광장 ²⁶⁾가운데에서는 재미있는 마술쇼가 펼쳐졌습니다. 축제는 둥근 ²⁷⁾달이 떠오르는 밤까지 계속되었습니다.

보기
① 中 ② 七 ③ 上 ④ 月
⑤ 白 ⑥ 日 ⑦ 木 ⑧ 王
⑨ 門

19. (   )   20. (   )
21. (   )   22. (   )
23. (   )   24. (   )
25. (   )   26. (   )
27. (   )

비 오는 날
김완기

초록빛 ²⁸⁾산새에는 초록 ²⁹⁾물방울이
분홍빛 들새에는 분홍 물방울이
³⁰⁾작은 새가 까만 눈 뜨고 하늘을 보았네.
주룩주룩 쏟아지는 빗줄기가 시원시원해.

보기 ① 水 ② 山 ③ 口 ④ 小

28. (   )   29. (   )
30. (   )

주관식 (31~50번)

■ 다음 한자어의 독음(소리)을 〈보기〉와 같이 쓰시오.

보기 一日 (일일)

31. 下人 (   )   32. 子女 (   )
33. 二十 (   )   34. 土木 (   )

■ 다음 한자의 훈(뜻)과 음(소리)을 〈보기〉와 같이 쓰시오.

보기 一 (하나 일)

35. 母 (   )   36. 七 (   )
37. 九 (   )   38. 小 (   )
39. 水 (   )   40. 五 (   )
41. 火 (   )   42. 月 (   )
43. 十 (   )   44. 山 (   )

■ 다음 문장 중 한자어의 독음(소리)을 〈보기〉에서 찾아 쓰시오.

보기 공부 동물 생활 의견 친구 학교

45. 내 親舊는 달리기를 잘합니다. (   )
46. 대공원에서 動物들을 구경하였습니다. (   )
47. 學校 운동장에서 공놀이를 했습니다. (   )
48. 나의 意見을 발표하였습니다. (   )
49. 방학이 되어 生活계획표를 만들었습니다.
    (   )
50. 이번 여름 방학에는 한자 工夫를 열심히 했습니다.
    (   )

2회 한자자격시험 8급 기출문제

객관식 (1~30번)

■ 다음 [ ] 안의 뜻에 맞는 한자를 골라 번호를 쓰시오.

1. [아들]　(　　)
    ① 子　② 中　③ 下　④ 父

2. [어머니]　(　　)
    ① 日　② 上　③ 母　④ 山

3. [여섯]　(　　)
    ① 五　② 六　③ 七　④ 八

4. [아래]　(　　)
    ① 下　② 上　③ 中　④ 土

5. [아홉]　(　　)
    ① 二　② 十　③ 七　④ 九

6. [계집]　(　　)
    ① 小　② 女　③ 子　④ 口

7. [열]　(　　)
    ① 七　② 八　③ 九　④ 十

8. [희다]　(　　)
    ① 月　② 日　③ 白　④ 母

9. [여덟]　(　　)
    ① 水　② 八　③ 人　④ 山

10. [문]　(　　)
    ① 門　② 木　③ 下　④ 小

■ 다음 문장 중에 쓰인 한자를 바르게 읽은 것을 골라 번호를 쓰시오.

11. 우리나라는 四계절이 뚜렷합니다.
    (　　)
    ① 일　② 이　③ 삼　④ 사

12. 매주 水요일에는 미술학원에 갑니다.
    (　　)
    ① 월　② 화　③ 수　④ 목

13. 정조대王은 그림에 취미가 있으셨습니다.
    (　　)
    ① 왕　② 상　③ 부　④ 장

14. 할아버지를 다른 말로는 '조父'라고 합니다.
    (　　)
    ① 직　② 부　③ 모　④ 상

15. 아버지와 함께 국土대장정에 참가했습니다.
    (　　)
    ① 토　② 상　③ 하　④ 립

16. 뜨거운 火로에 데이지 않도록 조심해야 합니다.
    (　　)
    ① 수　② 화　③ 군　④ 소

17. 원시人의 생활을 전시한 박물관에 다녀왔습니다.
    (　　)
    ① 중　② 산　③ 림　④ 인

18. 七전팔기란 말은 일곱 번 넘어지고 여덟 번 일어난다는 뜻입니다.
    (　　)
    ① 오　② 육　③ 칠　④ 팔

2회 한자자격시험 8급 기출문제

■ 다음 글을 읽고 밑줄 친 부분이 뜻하는 한자를 〈보기〉에서 골라 번호를 쓰시오.

통나무 집 뒤뜰로 ¹⁹⁾산새들이 놀러왔습니다. 꾀꼬리 ²⁰⁾다섯 마리가 ²¹⁾나뭇가지 ²²⁾위에 앉아 노래를 합니다. 뜰 한²³⁾가운데에는 ²⁴⁾작은 옹달샘이 ²⁵⁾하나 있습니다. 옹달샘 ²⁶⁾물은 거울처럼 맑아서 파란 하늘이 그대로 비쳤습니다. 조롱박으로 물을 가득 떠서 마시면 ²⁷⁾입안으로 파란 하늘이 들어오는 것만 같습니다.

보기	① 山 ② 木 ③ 口 ④ 中 ⑤ 五 ⑥ 上 ⑦ 小 ⑧ 水 ⑨ 一

19. (　　　)　　20. (　　　)
21. (　　　)　　22. (　　　)
23. (　　　)　　24. (　　　)
25. (　　　)　　26. (　　　)
27. (　　　)

낮에 나온 반달
윤석중

낮에 나온 반²⁸⁾달은
²⁹⁾하얀 반달은
³⁰⁾해님이 쓰다 버린 쪽박인가요.
꼬부랑 할머니가 물 길러 갈 때
치마끈에 달랑달랑 채워줬으면.

보기	① 白 ② 月 ③ 小 ④ 日

28. (　　　)　　29. (　　　)
30. (　　　)

주관식 (31~50번)

■ 다음 한자어의 독음(소리)을 〈보기〉와 같이 쓰시오.

보기	一日 (일일)

31. 母女 (　　　)　　32. 王子 (　　　)
33. 上下 (　　　)　　34. 十九 (　　　)

■ 다음 한자의 훈(뜻)과 음(소리)을 〈보기〉와 같이 쓰시오.

보기	一 (하나 일)

35. 小 (　　　)　　36. 火 (　　　)
37. 門 (　　　)　　38. 五 (　　　)
39. 父 (　　　)　　40. 木 (　　　)
41. 口 (　　　)　　42. 八 (　　　)
43. 山 (　　　)　　44. 月 (　　　)

■ 다음 문장 중 한자어의 독음(소리)을 〈보기〉에서 찾아 쓰시오.

보기	생활　동물　의견　친구　선생　공부

45. 先生님께 상장을 받았습니다. (　　　)
46. 動物 친구들이 물놀이를 합니다. (　　　)
47. 매일 같은 시간에 工夫를 합니다. (　　　)
48. 건강을 위해 규칙적인 生活을 합니다. (　　　)
49. 좋은 意見이 있으면 발표해 보세요. (　　　)
50. 親舊들과 함께 과자를 나누어 먹었습니다.
(　　　)

3회 한자자격시험 8급 기출문제

객관식 (1~30번)

■ 다음 [ ] 안의 뜻에 맞는 한자를 골라 번호를 쓰시오.

1. [흙]　(　　)
  ① 木　② 人　③ 土　④ 中

2. [여덟]　(　　)
  ① 八　② 七　③ 九　④ 五

3. [문]　(　　)
  ① 水　② 白　③ 母　④ 門

4. [여섯]　(　　)
  ① 五　② 六　③ 七　④ 八

5. [아들]　(　　)
  ① 子　② 人　③ 父　④ 女

6. [아래]　(　　)
  ① 月　② 口　③ 下　④ 火

7. [아홉]　(　　)
  ① 十　② 九　③ 三　④ 六

8. [가운데]　(　　)
  ① 中　② 日　③ 上　④ 土

9. [아버지]　(　　)
  ① 女　② 王　③ 父　④ 下

10. [물]　(　　)
  ① 小　② 木　③ 水　④ 女

■ 다음 문장 중에 쓰인 한자를 바르게 읽은 것을 골라 번호를 쓰시오.

11. '木요일'에는 비가 왔습니다.
  (　　)
  ① 금　② 목　③ 토　④ 수

12. 불이 나면 '소火기'로 불을 끕니다.
  (　　)
  ① 인　② 나　③ 수　④ 화

13. 우리나라는 '四계절'이 뚜렷합니다.
  (　　)
  ① 오　② 삼　③ 사　④ 이

14. 오늘은 부모님의 '결혼 기념日'입니다.
  (　　)
  ① 식　② 일　③ 비　④ 백

15. 외할머니께서 '口전동화'를 들려주셨습니다.
  (　　)
  ① 자　② 우　③ 구　④ 서

16. '황土'와 '지푸라기'로 집을 지을 수 있습니다.
  (　　)
  ① 치　② 도　③ 토　④ 하

17. 밤하늘에 국자모양의 '북두七성'이 반짝입니다.
  (　　)
  ① 육　② 칠　③ 팔　④ 구

18. 몸집이 작고 나이가 어린 사람을 '소인'이라고 합니다.
  (　　)
  ① 소　② 대　③ 중　④ 상

3회 한자자격시험 8급 기출문제

■ 다음 글을 읽고 밑줄 친 부분이 뜻하는 한자를 <보기>에서 골라 번호를 쓰시오.

조선시대에는 ¹⁹⁾임금님이 드시던 밥을 '수라'라고 했답니다. 밥상 ²⁰⁾위에는 ²¹⁾두 가지 종류의 밥이 올라갔는데 ²²⁾흰밥은 '흰수라', 팥을 섞은 밥은 '팥수라'라고 불렀습니다. 정월 보름과 같은 특별한 ²³⁾날에는 '오곡수라'를 드셨습니다. '오곡수라'는 보통 쌀, 찹쌀, 차조, 콩, 팥 등 ²⁴⁾다섯 가지 곡식을 섞어 지은 밥입니다.
또 임금님께서 식사를 하시는 동안에는 ²⁵⁾세 명의 시중을 드는 ²⁶⁾여자 시종이 곁에 앉아 식사를 도왔습니다. 이 ²⁷⁾사람들을 '수라상궁'이라고 불렀습니다.

보기: ① 王 ② 日 ③ 人 ④ 上 ⑤ 三 ⑥ 五 ⑦ 女 ⑧ 二 ⑨ 白

19. (   )   20. (   )
21. (   )   22. (   )
23. (   )   24. (   )
25. (   )   26. (   )
27. (   )

보름 ²⁸⁾달
앞²⁹⁾산에 걸린 하이얀 달님
귀여운 아가 노랠 들어요.
³⁰⁾어머니 품에 어여쁜 아가
동그란 달님 꿈을 꾼대요.

보기: ① 山 ② 母 ③ 門 ④ 月

28. (   )   29. (   )
30. (   )

주관식 (31~50번)

■ 다음 한자어의 독음(소리)을 <보기>와 같이 쓰시오.

보기: 一日 (일일)

31. 十五 (   )   32. 水中 (   )
33. 子女 (   )   34. 父母 (   )

■ 다음 한자의 훈(뜻)과 음(소리)을 <보기>와 같이 쓰시오.

보기: 一 (하나 일)

35. 王 (   )   36. 木 (   )
37. 下 (   )   38. 人 (   )
39. 小 (   )   40. 口 (   )
41. 月 (   )   42. 七 (   )
43. 土 (   )   44. 白 (   )

■ 다음 문장 중 한자어의 독음(소리)을 <보기>에서 찾아 쓰시오.

보기: 내용 식물 주의 문장 학교 사물

45. 이야기의 **內容**을 말해 보세요. (   )
46. **文章**을 소리 내어 읽어 보세요. (   )
47. 우리 **學校**는 빨간 벽돌로 지어졌습니다.
    (   )
48. **事物**의 모양을 보면서 그림을 그렸습니다.
    (   )
49. 공사장 근처를 지날 때에는 **注意**해야 합니다.
    (   )
50. 남산에는 세계 각 나라의 **植物**을 모아놓은 전시장이 있습니다. (   )

4회 한자자격시험 8급 기출문제

객관식 (1~30번)

■ 다음 [ ] 안의 뜻에 맞는 한자를 골라 번호를 쓰시오.

1. [불]　　(　　)
　① 水　② 火　③ 木　④ 中

2. [여섯]　(　　)
　① 七　② 五　③ 八　④ 六

3. [어머니]　(　　)
　① 日　② 母　③ 門　④ 山

4. [임금]　(　　)
　① 小　② 人　③ 王　④ 上

5. [열]　　(　　)
　① 九　② 十　③ 八　④ 七

6. [여자]　(　　)
　① 女　② 口　③ 子　④ 人

7. [흙]　　(　　)
　① 下　② 中　③ 上　④ 土

8. [다섯]　(　　)
　① 四　② 五　③ 七　④ 八

9. [아래]　(　　)
　① 中　② 上　③ 下　④ 山

10. [입]　　(　　)
　① 口　② 日　③ 白　④ 水

■ 다음 문장 중에 쓰인 한자를 바르게 읽은 것을 골라 번호를 쓰시오.

11. 山에 아카시아가 한창입니다.
　(　　)
　① 집　② 들　③ 산　④ 섬

12. '오月'에는 어린이날이 있습니다.
　(　　)
　① 일　② 월　③ 목　④ 자

13. 교실 門을 예쁘게 장식했습니다.
　(　　)
　① 문　② 창　③ 앞　④ 내

14. 흰옷을 빨 때는 '표白제'를 사용합니다.
　(　　)
　① 시　② 일　③ 백　④ 성

15. '외계人'이 나오는 영화를 보았습니다.
　(　　)
　① 수　② 입　③ 생　④ 인

16. 반 대항 달리기에서 二등을 하였습니다.
　(　　)
　① 삼　② 이　③ 사　④ 일

17. 우리 언니는 못하는 것이 없는 '八방미인'입니다.
　(　　)
　① 칠　② 구　③ 팔　④ 육

18. 마술사는 水정 구슬을 바라보며 주문을 외웠습니다.
　(　　)
　① 가　② 목　③ 화　④ 수

4회 한자자격시험 8급 기출문제

■ 다음 글을 읽고 밑줄 친 부분이 뜻하는 한자를 <보기>에서 골라 번호를 쓰시오.

우리 집은 밤골마을 근처의 ¹⁹⁾산 중턱에 자리하고 있습니다. 마을 ²⁰⁾사람들은 우리 집을 ²¹⁾아들이 ²²⁾셋 있는 집'이라고 해서 '삼형제네'라고 부릅니다. 그리고 막내인 나를 보면 항상 '막둥이'라고 부릅니다.
큰 형은 우리들 ²³⁾가운데 키가 제일 큽니다. 힘도 제일 세서, ²⁴⁾물 긷는 ²⁵⁾날이면 언제나 먼저 나서서 물지게를 짊어지고 아랫마을로 내려갑니다. 둘째 형은 ²⁶⁾나무를 잘 타서, 철마다 높은 나무 ²⁷⁾위에 올라가 맛있는 과일을 따다 줍니다. 나는 멋진 우리 형들이 정말 자랑스럽습니다.

보기	① 日	② 木	③ 三	④ 子
	⑤ 山	⑥ 水	⑦ 上	⑧ 人
	⑨ 中			

19. (   )   20. (   )
21. (   )   22. (   )
23. (   )   24. (   )
25. (   )   26. (   )
27. (   )

박꽃 피는 마을
김원겸

바닷가 ²⁸⁾작은 마을 깊어가는 여름 밤
지붕마다 ²⁹⁾하얀 박꽃이 함초롬히 피어 있어요.
맑은 하늘 가득한 별 끝없는 파도소리
언덕 위로 떠오르며 빙그레 웃음 짓는 ³⁰⁾달
모두가 잠들지 않고 밤새도록 소곤거려요.

보기	① 月	② 火	③ 白	④ 小

28. (   )   29. (   )
30. (   )

주관식 (31~50번)

■ 다음 한자어의 독음(소리)을 <보기>와 같이 쓰시오.

보기	一日 (일일)

31. 四十 (   )   32. 王子 (   )
33. 母女 (   )   34. 火木 (   )

■ 다음 한자의 훈(뜻)과 음(소리)을 <보기>와 같이 쓰시오.

보기	一 (하나 일)

35. 日 (   )   36. 中 (   )
37. 上 (   )   38. 小 (   )
39. 九 (   )   40. 父 (   )
41. 土 (   )   42. 下 (   )
43. 七 (   )   44. 口 (   )

■ 다음 문장 중 한자어의 독음(소리)을 <보기>에서 찾아 쓰시오.

보기	선생	인물	생활	공부	동물	의견

45. 강아지는 귀여운 動物입니다. (   )
46. 바른 자세로 앉아서 工夫를 합니다. (   )
47. 방학 동안 시골 生活을 체험하였습니다. (   )
48. 친구의 意見을 주의 깊게 들었습니다. (   )
49. 先生님의 구령에 맞추어 체조를 하였습니다. (   )
50. 동화 속에 등장하는 人物의 성격이 나와 비슷합니다. (   )

한자자격시험 7급 예상문제

1~10회

1회 한자자격시험 7급 예상문제

객관식 (1~30번)

■ 다음 [ ] 안 한자의 바른 음(소리)을 골라 번호를 쓰시오.

1. [工]　　(　　　)
   ① 동　② 종　③ 공　④ 형

2. [石]　　(　　　)
   ① 석　② 력　③ 장　④ 하

3. [入]　　(　　　)
   ① 입　② 모　③ 물　④ 혁

4. [目]　　(　　　)
   ① 녀　② 자　③ 목　④ 장

5. [足]　　(　　　)
   ① 삼　② 이　③ 자　④ 족

■ 다음 [ ] 안의 뜻에 맞는 한자를 골라 번호를 쓰시오.

6. [스스로]　(　　　)
   ① 母　② 自　③ 生　④ 手

7. [하늘]　(　　　)
   ① 父　② 手　③ 天　④ 水

8. [달]　(　　　)
   ① 月　② 白　③ 上　④ 下

9. [힘]　(　　　)
   ① 力　② 日　③ 月　④ 十

10. [문]　(　　　)
    ① 兄　② 七　③ 門　④ 川

■ 다음 문장 중 한자어를 바르게 읽은 것을 골라 번호를 쓰시오.

11. 잘못된 姿勢 때문에 병이 생겼어요. (　　　)
    ① 태도　② 자세　③ 자태　④ 의자

12. 三角形은 꼭짓점이 셋입니다. (　　　)
    ① 삼각자　② 삼각형　③ 삼각뿔　④ 삼각체

13. 슬픔에 自然 눈물이 흘렀습니다. (　　　)
    ① 자연　② 자주　③ 계속　④ 무지

14. 10년 후 모습을 想像해 보아요. (　　　)
    ① 고민　② 생각　③ 연상　④ 상상

15. 바다에 번개가 치는 場面은 정말 장관입니다.
    (　　　)
    ① 모습　② 모양　③ 장면　④ 화면

16. 요즘 학교 生活은 어떠니? (　　　)
    ① 대중　② 국민　③ 일상　④ 생활

17. 값을 머릿속으로 計算했어요. (　　　)
    ① 계산　② 지불　③ 수입　④ 암산

■ 다음 글을 읽고 밑줄 친 부분이 뜻하는 한자를 〈보기〉에서 골라 번호를 쓰시오.

> 지난 일요일 아침에 18)아버지, 19)어머니 그리고 나는 남20)산에 올라갔습니다. 21)하늘은 푸르고 바람은 시원했지만 올라가는 길은 22)돌이 많아 23)힘들었습니다. 마침내 정상에 올라 24)발 25)아래를 내려다 보니 26)마음이 뿌듯하였습니다.

보기	① 天　② 母　③ 足　④ 力 ⑤ 下　⑥ 父　⑦ 心　⑧ 山 ⑨ 石

1회 한자자격시험 7급 예상문제

18. ( ) 19. ( )
20. ( ) 21. ( )
22. ( ) 23. ( )
24. ( ) 25. ( )
26. ( )

■ 다음 문장 중 □ 안에 들어갈 알맞은 한자를 〈보기〉에서 골라 번호를 쓰시오.

| 보기 | ① 王 ② 門 ③ 出 ④ 家 |

27. 공공장소를 □入할때는 반드시 질서를 지켜야 합니다.
 ( )

28. 선덕女□은 신라 제27대 임금입니다.
 ( )

■ 다음 [ ] 안에 있는 한자어의 뜻(풀이)이 바른 것을 골라 번호를 쓰시오.

29. [準備]　　( )
 ① 실제로 경험하지 않은 현상이나 사물에 대하여 마음속으로 그려 봄
 ② 모르거나 의심나는 점을 물음
 ③ 미리 마련하여 갖춤
 ④ 사람이나 동물이 일정한 환경에서 활동하며 살아감

30. [方法]　　( )
 ① 어떤 일을 해 나가거나 목적을 이루기 위하여 취하는 수단이나 방식
 ② 어떤 장소에서 겉으로 드러난 면이나 벌어진 광경
 ③ 주로 대학에서 일정한 분야를 연구하는 모임
 ④ 바르고 확실함

주관식 (31~50번)

■ 다음 한자어의 독음(소리)을 〈보기〉와 같이 쓰시오.

| 보기 | 一日 (일일) |

31. 男子 ( ) 32. 日出 ( )
33. 火山 ( ) 34. 手足 ( )
35. 石工 ( ) 36. 天王 ( )

■ 다음 한자의 훈(뜻)과 음(소리)을 〈보기〉와 같이 쓰시오.

| 보기 | 一 (하나 일) |

37. 手 ( ) 38. 心 ( )
39. 五 ( ) 40. 男 ( )
41. 生 ( ) 42. 上 ( )
43. 七 ( ) 44. 川 ( )

■ 다음 문장 중 한자어의 독음(소리)을 〈보기〉에서 찾아 쓰시오.

| 보기 | 시　정리　계획　교실　정확 |

45. 시험에 대비하여 요점 **整理** 노트를 만들었습니다.
 ( )

46. **線**을 똑바로 그어 보세요. ( )

47. **計劃**은 물거품이 되었습니다. ( )

48. 화살이 과녁에 **正確**하게 맞았어요. ( )

49. **詩**를 한 편 낭송해 보아라. ( )

50. 모두 함께 **教室**을 청소했습니다. ( )

2회 한자자격시험 7급 예상문제

객관식 (1~30번)

■ 다음 [ ] 안 한자의 바른 음(소리)을 골라 번호를 쓰시오.

1. [立] （　　　）
   ① 력　② 령　③ 리　④ 립

2. [出] （　　　）
   ① 하　② 축　③ 특　④ 출

3. [石] （　　　）
   ① 석　② 층　③ 토　④ 사

4. [足] （　　　）
   ① 족　② 졸　③ 자　④ 작

5. [中] （　　　）
   ① 등　② 중　③ 강　④ 증

■ 다음 [ ] 안의 뜻에 맞는 한자를 골라 번호를 쓰시오.

6. [일백] （　　　）
   ① 男　② 心　③ 百　④ 入

7. [사내] （　　　）
   ① 山　② 七　③ 男　④ 力

8. [돌] （　　　）
   ① 石　② 水　③ 百　④ 江

9. [장인] （　　　）
   ① 四　② 十　③ 工　④ 王

10. [아들] （　　　）
    ① 山　② 兄　③ 月　④ 子

■ 다음 문장 중 한자어를 바르게 읽은 것을 골라 번호를 쓰시오.

11. 손님을 맞이할 準備를 끝냈습니다. （　　　）
    ① 계획　② 요리　③ 채비　④ 준비

12. 생각보다 時間이 많이 걸렸네요. （　　　）
    ① 시간　② 노력　③ 비용　④ 시문

13. 이 시는 운율이 規則적입니다. （　　　）
    ① 반복　② 추상　③ 규칙　④ 비유

14. 그는 사건의 重要 인물입니다. （　　　）
    ① 핵심　② 중요　③ 중심　④ 필요

15. 模型 비행기를 공중에 날렸어요. （　　　）
    ① 수소　② 모방　③ 입체　④ 모형

16. 궁금한 점은 質問하세요. （　　　）
    ① 문의　② 질문　③ 상담　④ 의문

17. 한시간 후 式이 끝났습니다. （　　　）
    ① 일　② 장　③ 식　④ 상

■ 다음 글을 읽고 밑줄 친 부분이 뜻하는 한자를 〈보기〉에서 골라 번호를 쓰시오.

오늘은 우리 학교 운동회 18)날입니다. 19)어머니께서는 아침부터 20)형과 나의 김밥도시락을 준비하시느라 분주하십니다. 21)아버지께서는 반 대표로 22)나가는 제 등을 23)손으로 두드려 주셨습니다. 저는 있는 24)힘을 다해 최선을 다 하겠다고 25)스스로 26)마음을 먹고 학교로 갔습니다.

보기	① 日	② 父	③ 力	④ 兄
	⑤ 自	⑥ 心	⑦ 母	⑧ 出
	⑨ 手			

2회 한자자격시험 7급 예상문제

18. (   )   19. (   )
20. (   )   21. (   )
22. (   )   23. (   )
24. (   )   25. (   )
26. (   )

■ 다음 문장 중 □ 안에 들어갈 알맞은 한자를 〈보기〉에서 골라 번호를 쓰시오.

보기 ① 生   ② 足   ③ 五   ④ 父

27. 내 □日에 우리 반 친구들을 모두 초대하였습니다.
    (   )

28. 손과 발을 手□이라고 합니다. (   )

■ 다음 [ ] 안에 있는 한자어의 뜻(풀이)이 바른 것을 골라 번호를 쓰시오.

29. [活動]   (   )
    ① 선량한 마음
    ② 몸을 움직여 행동함
    ③ 배워서 익힘
    ④ 전화나 무전기 따위가 울리는 소리

30. [符號]   (   )
    ① 일정한 차례나 간격에 따라 벌여 놓음
    ② 어떤 일을 예상하거나 고려함
    ③ 자정부터 낮 열두 시까지의 시간
    ④ 일정한 뜻을 나타내기 위하여 따로 정하여 쓰는 기호

주관식 (31~50번)

■ 다음 한자어의 독음(소리)을 〈보기〉와 같이 쓰시오.

보기 一日 (일일)

31. 自白 (   )   32. 出力 (   )
33. 下人 (   )   34. 水力 (   )
35. 王子 (   )   36. 上下 (   )

■ 다음 한자의 훈(뜻)과 음(소리)을 〈보기〉와 같이 쓰시오.

보기 一 (하나 일)

37. 入 (   )   38. 兄 (   )
39. 千 (   )   40. 目 (   )
41. 江 (   )   42. 土 (   )
43. 火 (   )   44. 生 (   )

■ 다음 문장 중 한자어의 독음(소리)을 〈보기〉에서 찾아 쓰시오.

보기 신호   체육   발음   민속   문장   실감

45. 文章 부호를 바르게 사용해야 합니다.
    (   )

46. 군 대항 體育 대회를 시작합니다. (   )

47. 그는 어제 信號 위반 딱지를 뗐습니다.
    (   )

48. 民俗 공연을 관람했습니다. (   )

49. 내가 합격하다니 實感이 나지 않아요.
    (   )

50. 영어 發音은 어렵습니다. (   )

3회 한자자격시험 7급 예상문제

객관식 (1~30번)

■ 다음 [ ] 안 한자의 바른 음(소리)을 골라 번호를 쓰시오.

1. [江]　　(　　)
   ① 제　② 자　③ 강　④ 한

2. [石]　　(　　)
   ① 여　② 석　③ 등　④ 동

3. [千]　　(　　)
   ① 천　② 문　③ 학　④ 정

4. [門]　　(　　)
   ① 연　② 대　③ 려　④ 문

5. [出]　　(　　)
   ① 기　② 실　③ 초　④ 출

■ 다음 [ ] 안의 뜻에 맞는 한자를 골라 번호를 쓰시오.

6. [물]　　(　　)
   ① 母　② 五　③ 水　④ 出

7. [마음]　(　　)
   ① 兄　② 心　③ 山　④ 足

8. [달]　　(　　)
   ① 月　② 日　③ 天　④ 下

9. [눈]　　(　　)
   ① 自　② 人　③ 目　④ 七

10. [손]　(　　)
    ① 自　② 六　③ 크　④ 手

■ 다음 문장 중 한자어를 바르게 읽은 것을 골라 번호를 쓰시오.

11. 時計가 아홉 시를 가리켰습니다. (　　)
    ① 시각　② 시간　③ 시계　④ 시험

12. 저축에 얽힌 體驗 수기를 공모합니다. (　　)
    ① 경제　② 체험　③ 실제　④ 체육

13. 學校에서 늦게까지 공부했어요. (　　)
    ① 학교　② 학년　③ 학습　④ 교실

14. 방공호로 安全하게 대피하십시오. (　　)
    ① 안심　② 안위　③ 조심　④ 안전

15. 쉽고 편리한 方法이 있습니다. (　　)
    ① 방안　② 수단　③ 방법　④ 방식

16. 그 아이는 나보다 한 學年 아랩니다. (　　)
    ① 학년　② 학교　③ 학기　④ 학습

17. 그는 어떤 役割도 완벽히 소화합니다. (　　)
    ① 분장　② 역할　③ 책임　④ 의무

■ 다음 글을 읽고 밑줄 친 부분이 뜻하는 한자를 〈보기〉에서 골라 번호를 쓰시오.

우리 형제는 ¹⁸⁾남자만 모두 ¹⁹⁾네 명입니다. ²⁰⁾위로 ²¹⁾형이 두 명 있고 ²²⁾아래로 동생이 한 명 있습니다. 첫째 형은 ²³⁾힘이 아주 세서 목마도 잘 태워 줍니다. 둘째 형은 뭐든지 잘 만듭니다. 지난번에는 ²⁴⁾나무로 ²⁵⁾작은 장난감 총을 ²⁶⁾만들어 주었습니다.

보기	① 兄	② 男	③ 小	④ 木
	⑤ 上	⑥ 下	⑦ 工	⑧ 四
	⑨ 力			

3회 한자자격시험 7급 예상문제

18. (   )   19. (   )
20. (   )   21. (   )
22. (   )   23. (   )
24. (   )   25. (   )
26. (   )

■ 다음 문장 중 □ 안에 들어갈 알맞은 한자를 〈보기〉에서 골라 번호를 쓰시오.

| 보기 | ① 江   ② 自   ③ 力   ④ 出 |

27. 나는 시립 도서관을 자주 □入합니다.
    (   )

28. 범인이 순순히 □白을 하였습니다. (   )

■ 다음 [ ] 안에 있는 한자어의 뜻(풀이)이 바른 것을 골라 번호를 쓰시오.

29. [想像]   (   )
   ① 학습 활동이 이루어지는 방
   ② 실제로 경험하지 않은 현상이나 사물에 대하여 마음속으로 그려 봄
   ③ 마음에 거짓이나 꾸밈이 없고 바르고 곧음
   ④ 함부로 쓰지 아니하고 꼭 필요한 데에만 써서 아낌

30. [場面]   (   )
   ① 귀중하고 요긴함
   ② 생활하는 주위의 상태
   ③ 어떤 장소에서 겉으로 드러난 면이나 벌어진 광경
   ④ 생물에게 직접·간접으로 영향을 주는 자연적 조건이나 사회적 상황

주관식 (31~50번)

■ 다음 한자어의 독음(소리)을 〈보기〉와 같이 쓰시오.

| 보기 | 一日 (일일) |

31. 生母 (   )   32. 心中 (   )
33. 七月 (   )   34. 火力 (   )
35. 山川 (   )   36. 子女 (   )

■ 다음 한자의 훈(뜻)과 음(소리)을 〈보기〉와 같이 쓰시오.

| 보기 | 一 (하나 일) |

37. 天 (   )   38. 白 (   )
39. 足 (   )   40. 生 (   )
41. 金 (   )   42. 王 (   )
43. 下 (   )   44. 男 (   )

■ 다음 문장 중 한자어의 독음(소리)을 〈보기〉에서 찾아 쓰시오.

| 보기 | 환경   변   부호   배열   오전   활동 |

45. 상품을 보기 좋게 配列했습니다. (   )

46. 한강 邊의 아파트는 전망이 좋습니다.
    (   )

47. 토요일에는 수업이 午前에 끝나요. (   )

48. 環境 문제가 심각합니다. (   )

49. 그 암호는 쉽게 해석될 수 없는 符號로 쓰여 있었어요. (   )

50. 건강을 위해 당분간 活動을 자제해야 합니다.
    (   )

4회 한자자격시험 7급 예상문제

객관식 (1~30번)

■ 다음 [ ] 안 한자의 바른 음(소리)을 골라 번호를 쓰시오.

1. [金]　　(　　　)
   ① 은　　② 동　　③ 금　　④ 최

2. [力]　　(　　　)
   ① 술　　② 장　　③ 력　　④ 려

3. [四]　　(　　　)
   ① 야　　② 칠　　③ 오　　④ 사

4. [五]　　(　　　)
   ① 이　　② 구　　③ 오　　④ 하

5. [出]　　(　　　)
   ① 출　　② 라　　③ 란　　④ 기

■ 다음 [ ] 안의 뜻에 맞는 한자를 골라 번호를 쓰시오.

6. [돌]　　(　　　)
   ① 門　　② 父　　③ 石　　④ 兄

7. [눈]　　(　　　)
   ① 目　　② 心　　③ 立　　④ 子

8. [불]　　(　　　)
   ① 中　　② 火　　③ 母　　④ 八

9. [내]　　(　　　)
   ① 五　　② 川　　③ 白　　④ 出

10. [스스로]　(　　　)
    ① 千　　② 二　　③ 石　　④ 自

■ 다음 문장 중 한자어를 바르게 읽은 것을 골라 번호를 쓰시오.

11. 연이 빙글빙글 圓을 그리며 하늘로 날아갔습니다. (　　　)
    ① 금　　② 원　　③ 호　　④ 선

12. 그는 호불호가 分明한 사람입니다. (　　　)
    ① 명확　② 선명　③ 확실　④ 분명

13. 수업은 午後 늦게까지 계속되었어요. (　　　)
    ① 야간　② 주말　③ 오후　④ 최후

14. 적극적인 姿勢가 필요합니다. (　　　)
    ① 자세　② 태도　③ 노력　④ 근면

15. 연필로 三角形을 그려 보세요. (　　　)
    ① 삼각뿔　② 삼각지　③ 삼각자　④ 삼각형

16. 며칠 지나면 自然 아물 거예요. (　　　)
    ① 천연　② 자연　③ 자신　④ 자동

17. 눈을 감고 想像해 보세요. (　　　)
    ① 상상　② 생각　③ 연상　④ 고민

■ 다음 글을 읽고 밑줄 친 부분이 뜻하는 한자를 <보기>에서 골라 번호를 쓰시오.

> 그는 18)손재주가 뛰어난 19)장인입니다. 20)나무나 21)돌 혹은 22)쇠로 멋진 조각품을 만들어 냅니다. 그는 그가 만든 장식용 조각품 23)가운데 24)마음에 드는 작품 25)백 점을 선별해서 박물관에 기증을 했습니다. 많은 26)사람들이 그 작품들을 보며 감탄하고 있습니다.

보기	① 工	② 木	③ 手	④ 心
	⑤ 人	⑥ 中	⑦ 百	⑧ 石
	⑨ 金			

4회 한자자격시험 7급 예상문제

18. (　　　　) 19. (　　　　)
20. (　　　　) 21. (　　　　)
22. (　　　　) 23. (　　　　)
24. (　　　　) 25. (　　　　)
26. (　　　　)

■ 다음 문장 중 □ 안에 들어갈 알맞은 한자를 〈보기〉에서 골라 번호를 쓰시오.

| 보기 | ① 九　　② 王　　③ 手　　④ 女 |

27. 우리 아버지는 물건을 만드는 木□ 이십니다.
　　(　　　　)

28. 임금의 아들을 □子라고 합니다. (　　　　)

■ 다음 [ ] 안에 있는 한자어의 뜻(풀이)이 바른 것을 골라 번호를 쓰시오.

29. [計劃]　(　　　　)
　① 앞으로 할 일의 절차, 방법, 규모 따위를 미리 헤아려 작정함
　② 부지런히 일하며 힘씀
　③ 자기가 몸소 겪음, 또는 그런 경험
　④ 모양이 같은 물건을 만들기 위한 틀

30. [實感]　(　　　　)
　① 새로운 방법이나 형식을 사용해 봄
　② 사실의 경우나 형편
　③ 위험이 생기거나 사고가 날 염려가 없음
　④ 실제로 체험하는 느낌

주관식 (31~50번)

■ 다음 한자어의 독음(소리)을 〈보기〉와 같이 쓰시오.

| 보기 | 一日 (일일) |

31. 模型 (　　　　) 32. 小心 (　　　　)
33. 入門 (　　　　) 34. 出土 (　　　　)
35. 自力 (　　　　) 36. 天上 (　　　　)

■ 다음 한자의 훈(뜻)과 음(소리)을 〈보기〉와 같이 쓰시오.

| 보기 | 一 (하나 일) |

37. 立 (　　　　) 38. 手 (　　　　)
39. 足 (　　　　) 40. 百 (　　　　)
41. 工 (　　　　) 42. 天 (　　　　)
43. 中 (　　　　) 44. 土 (　　　　)

■ 다음 문장 중 한자어의 독음(소리)을 〈보기〉에서 찾아 쓰시오.

| 보기 | 정리　정확　선　계산　장면　시 |

45. 영화는 마지막 場面에서 절정에 이르렀습니다.
　　(　　　　)

46. 計算을 잘못해서 돈을 덜 받았어요. (　　　　)

47. 이삿짐 整理에 일주일이나 걸렸네요. (　　　　)

48. 진공청소기의 線이 짧아서 베란다는 청소할 수가 없습니다. (　　　　)

49. 내 친구는 詩를 좋아합니다. (　　　　)

50. 그의 판단은 正確했습니다. (　　　　)

5회 한자자격시험 7급 예상문제

객관식 (1~30번)

■ 다음 [ ] 안 한자의 바른 음(소리)을 골라 번호를 쓰시오.

1. [石]　　(　　)
　① 왕　　② 석　　③ 궁　　④ 안

2. [兄]　　(　　)
　① 제　　② 조　　③ 형　　④ 혁

3. [百]　　(　　)
　① 송　　② 백　　③ 친　　④ 사

4. [目]　　(　　)
　① 목　　② 일　　③ 봉　　④ 부

5. [川]　　(　　)
　① 칠　　② 토　　③ 벌　　④ 천

■ 다음 [ ] 안의 뜻에 맞는 한자를 골라 번호를 쓰시오.

6. [마음]　(　　)
　① 子　　② 十　　③ 川　　④ 心

7. [힘]　　(　　)
　① 天　　② 力　　③ 中　　④ 火

8. [사내]　(　　)
　① 兄　　② 男　　③ 火　　④ 下

9. [일천]　(　　)
　① 七　　② 百　　③ 千　　④ 二

10. [나무]　(　　)
　① 出　　② 兄　　③ 江　　④ 木

■ 다음 문장 중 한자어를 바르게 읽은 것을 골라 번호를 쓰시오.

11. 여행 計劃에 마음이 들떴습니다. (　　)
　① 계산　② 계측　③ 계략　④ 계획

12. 근검한 生活 태도를 가집시다. (　　)
　① 생소　② 생활　③ 부활　④ 생존

13. 한달간 민요 教室에 참가했습니다. (　　)
　① 교실　② 학습　③ 체험　④ 활동

14. 1년 정도 準備 기간이 필요해요. (　　)
　① 예비　② 시험　③ 사전　④ 준비

15. 時間 날 때마다 책을 읽읍시다. (　　)
　① 시기　② 시각　③ 시간　④ 시계

16. 그들은 規則에 대해 교육받았습니다. (　　)
　① 수칙　② 규칙　③ 교훈　④ 규정

17. 선거는 민주 정치에 매우 重要합니다. (　　)
　① 중요　② 주요　③ 중대　④ 필요

■ 다음 글을 읽고 밑줄 친 부분이 뜻하는 한자를 〈보기〉에서 골라 번호를 쓰시오.

내 동생은 이제 18)여섯 살 입니다. 아직 어려서 유치원에 다니지만 혼자서 세수도 하고 19)손도 씻고 20)발도 깨끗이 닦습니다. 21)형을 잘 따르는 동생이 귀엽습니다.
우리 식구는 모두 22)네 명입니다. 23)아버지와 나는 24)남자이고 25)엄마와 동생은 26)여자입니다.

보기	① 四	② 父	③ 母	④ 六
	⑤ 女	⑥ 男	⑦ 兄	⑧ 足
	⑨ 手			

5회 한자자격시험 7급 예상문제

18. (   ) 19. (   )
20. (   ) 21. (   )
22. (   ) 23. (   )
24. (   ) 25. (   )
26. (   )

■ 다음 문장 중 □ 안에 들어갈 알맞은 한자를 〈보기〉에서 골라 번호를 쓰시오.

| 보기 | ① 中 | ② 金 | ③ 手 | ④ 土 |

27. 목마를 탈 때는 □心을 잘 잡아야 합니다.
    (   )

28. □요일에 쉬는 회사가 많아졌습니다.
    (   )

■ 다음 [ ] 안에 있는 한자어의 뜻(풀이)이 바른 것을 골라 번호를 쓰시오.

29. [正確]   (   )
   ① 마음에 거짓이나 꾸밈이 없이 바르고 곧음
   ② 사람의 마음에 일어나는 여러 가지 감정, 또는 감정을 불러일으키는 기분이나 분위기
   ③ 바르고 확실함
   ④ 올바른 길, 또는 정당한 도리

30. [體驗]   (   )
   ① 경험의 결과로 나타나는, 비교적 지속적인 행동의 변화나 그 잠재력의 변화
   ② 자기가 몸소 겪음, 또는 그런 경험
   ③ 어떤 일이나 사물에 대하여서 깊이 있게 조사하고 생각하여 진리를 따져 보는 일
   ④ 얽혀 있거나 복잡한 것을 풀어서 개별적인 요소나 성질로 나눔

주관식 (31~50번)

■ 다음 한자어의 독음(소리)을 〈보기〉와 같이 쓰시오.

| 보기 | 一日 (일일) |

31. 正門 (   )   32. 手工 (   )
33. 自足 (   )   34. 入力 (   )
35. 出金 (   )   36. 人工 (   )

■ 다음 한자의 훈(뜻)과 음(소리)을 〈보기〉와 같이 쓰시오.

| 보기 | 一 (하나 일) |

37. 入 (   )   38. 足 (   )
39. 王 (   )   40. 七 (   )
41. 自 (   )   42. 出 (   )
43. 生 (   )   44. 호 (   )

■ 다음 문장 중 한자어의 독음(소리)을 〈보기〉에서 찾아 쓰시오.

| 보기 | 식   문장   모형   신호   질문   체육 |

45. 模型이 실물보다 더 멋있어요. (   )
46. 갑작스러운 質問에 깜짝 놀랐습니다. (   )
47. 거의 빠짐없이 式에 참석했습니다. (   )
48. 文章의 각 낱말은 띄어 씁니다. (   )
49. 體育 대회에서 우리 반이 일 등을 했어요.
    (   )
50. 信號 위반으로 벌금을 물었습니다. (   )

6회 한자자격시험 7급 예상문제

객관식 (1~30번)

■ 다음 [ ] 안 한자의 바른 음(소리)을 골라 번호를 쓰시오.

1. [水]　　(　　　)
   ① 청　　② 하　　③ 수　　④ 천

2. [川]　　(　　　)
   ① 무　　② 천　　③ 각　　④ 생

3. [出]　　(　　　)
   ① 념　　② 법　　③ 률　　④ 출

4. [兄]　　(　　　)
   ① 강　　② 동　　③ 형　　④ 서

5. [生]　　(　　　)
   ① 팔　　② 바　　③ 생　　④ 저

■ 다음 [ ] 안의 뜻에 맞는 한자를 골라 번호를 쓰시오.

6. [눈]　　(　　　)
   ① 父　　② 目　　③ 月　　④ 心

7. [스스로]　(　　　)
   ① 工　　② 石　　③ 出　　④ 自

8. [하늘]　(　　　)
   ① 江　　② 天　　③ 上　　④ 小

9. [돌]　　(　　　)
   ① 白　　② 母　　③ 金　　④ 石

10. [아홉]　(　　　)
    ① 九　　② 日　　③ 五　　④ 子

■ 다음 문장 중 한자어를 바르게 읽은 것을 골라 번호를 쓰시오.

11. 民俗 놀이는 재미있습니다. (　　　)
    ① 민간　② 민속　③ 전통　④ 고유

12. 비로소 이별을 實感했습니다. (　　　)
    ① 체험　② 경험　③ 실감　④ 체감

13. 입이 얼어 發音이 이상해요. (　　　)
    ① 발음　② 발성　③ 표현　④ 화음

14. 時計를 끌러 탁자 위에 놓았습니다. (　　　)
    ① 혁대　② 반지　③ 양혜　④ 시계

15. 아버지는 전쟁을 體驗했습니다. (　　　)
    ① 체득　② 실험　③ 체험　④ 연구

16. 마을에 學校를 세우려 합니다. (　　　)
    ① 학교　② 교실　③ 학년　④ 교육

17. 목적지에 安全하게 도착했습니다. (　　　)
    ① 안심　② 안위　③ 안전　④ 조심

■ 다음 글을 읽고 밑줄 친 부분이 뜻하는 한자를 〈보기〉에서 골라 번호를 쓰시오.

18)엄마가 심부름을 시켰습니다. 시장에 가서 파 19)두 단과 깻잎 20)천 원어치를 사오는 일입니다. 시장은 21)시내를 건너가야 하기 때문에 걱정이 되었지만 잘 할 수 있다고 22)스스로 생각하며 시장으로 갔습니다. 시장에는 23)사람들이 정말 많았습니다. 24)백 명도 넘는 것 같았습니다. 파와 깻잎을 사서 집으로 돌아오는 길에 수족관 앞에 25)서서 26)금붕어도 구경했습니다.

보기	① 千	② 川	③ 自	④ 人
	⑤ 母	⑥ 立	⑦ 金	⑧ 百
	⑨ 二			

6회 한자자격시험 7급 예상문제

18. (   )   19. (   )
20. (   )   21. (   )
22. (   )   23. (   )
24. (   )   25. (   )
26. (   )

■ 다음 문장 중 □ 안에 들어갈 알맞은 한자를 〈보기〉에서 골라 번호를 쓰시오.

| 보기 | ① 月   ② 出   ③ 心   ④ 火 |

27. 5월은 내가 □生한 달입니다. (   )

28. 백두산은 □山 활동으로 만들어진 산입니다.
    (   )

■ 다음 [ ] 안에 있는 한자어의 뜻(풀이)이 바른 것을 골라 번호를 쓰시오.

29. [規則]   (   )
    ① 자기가 몸소 겪음, 또는 그런 경험
    ② 어떤 일이나 사물에 대하여서 깊이 있게 조사하고 생각하여 진리를 따져 보는 일
    ③ 여러 사람이 다 같이 지키기로 작정한 법칙, 또는 제정된 질서
    ④ 시간을 재거나 시각을 나타내는 기계나 장치를 통틀어 이르는 말

30. [姿勢]   (   )
    ① 몸을 움직이거나 가누는 모양
    ② 남들 앞에서 세워야 하는 위신이나 체면
    ③ 다른 것을 본뜨거나 본받음
    ④ 원본을 베끼어 씀

주관식 (31~50번)

■ 다음 한자어의 독음(소리)을 〈보기〉와 같이 쓰시오.

| 보기 | 一日 (일일) |

31. 手下 (   )   32. 女子 (   )
33. 白金 (   )   34. 自立 (   )
35. 水石 (   )   36. 入口 (   )

■ 다음 한자의 훈(뜻)과 음(소리)을 〈보기〉와 같이 쓰시오.

| 보기 | 一 (하나 일) |

37. 力 (   )   38. 工 (   )
39. 江 (   )   40. 心 (   )
41. 八 (   )   42. 金 (   )
43. 白 (   )   44. 門 (   )

■ 다음 문장 중 한자어의 독음(소리)을 〈보기〉에서 찾아 쓰시오.

| 보기 | 학년   오전   방법   역할   환경   배열 |

45. 그 方法이 효과가 있을까요? (   )

46. 댁의 아이는 중학교 몇 學年입니까? (   )

47. 이번 일에서 그의 役割이 큽니다. (   )

48. 순서대로 의자를 配列하세요. (   )

49. 일이 끝났을 때는 午前 두 시였습니다.
    (   )

50. 環境보호에 앞장섭시다. (   )

7회 한자자격시험 7급 예상문제

객관식 (1~30번)

■ 다음 [ ] 안 한자의 바른 음(소리)을 골라 번호를 쓰시오.

1. [石] (   )
   ① 석   ② 궁   ③ 남   ④ 동

2. [手] (   )
   ① 수   ② 지   ③ 치   ④ 관

3. [千] (   )
   ① 우   ② 찬   ③ 파   ④ 천

4. [金] (   )
   ① 제   ② 동   ③ 가   ④ 금

5. [門] (   )
   ① 홍   ② 민   ③ 문   ④ 정

■ 다음 [ ] 안의 뜻에 맞는 한자를 골라 번호를 쓰시오.

6. [발] (   )
   ① 門   ② 手   ③ 水   ④ 足

7. [스스로] (   )
   ① 自   ② 心   ③ 金   ④ 立

8. [힘] (   )
   ① 石   ② 力   ③ 子   ④ 人

9. [사내] (   )
   ① 手   ② 男   ③ 八   ④ 千

10. [열] (   )
    ① 千   ② 七   ③ 十   ④ 百

■ 다음 문장 중 한자어를 바르게 읽은 것을 골라 번호를 쓰시오.

11. 머릿속에 의문 符號가 떠올랐어요. (   )
    ① 기호   ② 신호   ③ 부호   ④ 칭호

12. 다리를 다쳐서 活動이 어렵습니다. (   )
    ① 동작   ② 활동   ③ 생활   ④ 활력

13. 동그랗게 圓을 지어 모여라. (   )
    ① 원   ② 군   ③ 집   ④ 줄

14. 그는 이목구비가 分明합니다. (   )
    ① 정확   ② 명확   ③ 분명   ④ 확실

15. 약속은 午後 다섯 시입니다. (   )
    ① 오후   ② 오전   ③ 조석   ④ 야간

16. 그들은 엉거주춤한 姿勢로 서 있었습니다. (   )
    ① 자태   ② 태도   ③ 모양   ④ 자세

17. 얼마나 고생하였을지 想像이 됩니다. (   )
    ① 연상   ② 상상   ③ 계산   ④ 예상

■ 다음 글을 읽고 밑줄 친 부분이 뜻하는 한자를 <보기>에서 골라 번호를 쓰시오.

18)아버지와 아침 일찍 조깅을 19)나갔습니다. 20)강가를 삼십 분간 21)힘차게 달렸습니다. 공원에 들러 22)손을 베개 삼아 베고 누워 23)하늘을 쳐다보니 24)흰 구름이 한가로이 흘러가고 있습니다. 잠시 후 집으로 25)들어가니 26)어머니가 아침식사를 준비해 놓으셨습니다.

보기	① 江	② 父	③ 力	④ 白
	⑤ 出	⑥ 入	⑦ 母	⑧ 天
	⑨ 手			

7회 한자자격시험 7급 예상문제

18. (　　　　)　　19. (　　　　)
20. (　　　　)　　21. (　　　　)
22. (　　　　)　　23. (　　　　)
24. (　　　　)　　25. (　　　　)
26. (　　　　)

■ 다음 문장 중 □ 안에 들어갈 알맞은 한자를 〈보기〉에서 골라 번호를 쓰시오.

| 보기 | ① 人　　② 母　　③ 金　　④ 火 |

27. 우리 父□님은 참 훌륭하신 분들입니다.
　　(　　　　)

28. 우리 엄마는 白□ 목걸이가 잘 어울리십니다.
　　(　　　　)

■ 다음 [ ] 안에 있는 한자어의 뜻(풀이)이 바른 것을 골라 번호를 쓰시오.

29. [役割]　(　　　　)
　① 남을 속이기 위하여 꾸며 낸 말이나 행동
　② 어떤 일을 하는 데 토대가 되는 책
　③ 재능, 솜씨 따위를 나타낼 수 있게 된 판을 비유적으로 이르는 말
　④ 자기가 마땅히 하여야 할 맡은 바 직책이나 임무

30. [質問]　(　　　　)
　① 의심스럽게 생각함
　② 모르거나 의심나는 점을 물음
　③ 확실히 알 수 없어서 믿지 못하는 마음
　④ 믿지 아니함, 또는 믿을 수 없음

주관식 (31~50번)

■ 다음 한자어의 독음(소리)을 〈보기〉와 같이 쓰시오.

| 보기 | 一日 (일일) |

31. 門中 (　　　　)　32. 山川 (　　　　)
33. 生日 (　　　　)　34. 人口 (　　　　)
35. 出金 (　　　　)　36. 天子 (　　　　)

■ 다음 한자의 훈(뜻)과 음(소리)을 〈보기〉와 같이 쓰시오.

| 보기 | 一 (하나 일) |

37. 五 (　　　　)　38. 入 (　　　　)
39. 火 (　　　　)　40. 子 (　　　　)
41. 王 (　　　　)　42. 出 (　　　　)
43. 生 (　　　　)　44. 土 (　　　　)

■ 다음 문장 중 한자어의 독음(소리)을 〈보기〉에서 찾아 쓰시오.

| 보기 | 계산　선　생활　정리　장면　정확 |

45. 행인이 이 **場面**을 목격했습니다. (　　　　)
46. 그는 오랜 투병 **生活** 끝에 결국 세상을 등지고 말았습니다. (　　　　)
47. 사용료는 다달이 **計算**할게요. (　　　　)
48. 회사를 **整理**했습니다. (　　　　)
49. 국민 소득이 만 달러 **線**에 있습니다. (　　　　)
50. 의사가 내린 진단은 **正確**했습니다. (　　　　)

8회 한자자격시험 7급 예상문제

객관식 (1~30번)

■ 다음 [ ] 안 한자의 바른 음(소리)을 골라 번호를 쓰시오.

1. [工] (　　)
   ① 구　② 강　③ 천　④ 립

2. [木] (　　)
   ① 경　② 식　③ 목　④ 직

3. [兄] (　　)
   ① 영　② 국　③ 결　④ 형

4. [出] (　　)
   ① 잠　② 출　③ 총　④ 통

5. [生] (　　)
   ① 생　② 애　③ 비　④ 박

■ 다음 [ ] 안의 뜻에 맞는 한자를 골라 번호를 쓰시오.

6. [마음] (　　)
   ① 金　② 江　③ 心　④ 川

7. [하늘] (　　)
   ① 八　② 王　③ 上　④ 天

8. [스스로] (　　)
   ① 自　② 女　③ 月　④ 七

9. [일천] (　　)
   ① 工　② 足　③ 十　④ 千

10. [여섯] (　　)
    ① 五　② 六　③ 효　④ 九

■ 다음 문장 중 한자어를 바르게 읽은 것을 골라 번호를 쓰시오.

11. 詩의 숨겨진 의미를 파악하는 것이 중요합니다. (　　)
    ① 화　② 사　③ 시　④ 서

12. 敎室 안이 시끄럽습니다. (　　)
    ① 교실　② 학교　③ 학급　④ 강당

13. 準備가 부족해서 불편을 겪었습니다. (　　)
    ① 여비　② 차비　③ 회비　④ 준비

14. 회의 時間에 졸아서는 안 됩니다. (　　)
    ① 중간　② 시각　③ 시간　④ 중도

15. 백 마디 말보다 실천이 重要합니다. (　　)
    ① 주요　② 중요　③ 확실　④ 중대

16. 模型 총을 선물 받았습니다. (　　)
    ① 모형　② 모방　③ 모사　④ 소형

17. 質問이 있으면 손을 드세요. (　　)
    ① 질의　② 의문　③ 질문　④ 의혹

■ 다음 글을 읽고 밑줄 친 부분이 뜻하는 한자를 <보기>에서 골라 번호를 쓰시오.

> 18)하늘이 높으니 19)해와 달이 밝고
> 땅이 두터우니 풀과 20)나무가 자란다.
> 21)달이 22)나오니 하늘이 23)눈을 뜨고
> 24)산이 높으니 땅이 머리를 든 것이다.
> 해와 달은 25)천 년의 거울이요.
> 26)강과 산은 만고의 병풍이로다.
>
> ―《추구집》

보기	① 天　② 山　③ 日　④ 月 ⑤ 千　⑥ 出　⑦ 目　⑧ 木 ⑨ 江

8회 한자자격시험 7급 예상문제

18. (   )   19. (   )
20. (   )   21. (   )
22. (   )   23. (   )
24. (   )   25. (   )
26. (   )

■ 다음 문장 중 □ 안에 들어갈 알맞은 한자를 〈보기〉에서 골라 번호를 쓰시오.

| 보기 | ① 足 ② 心 ③ 力 ④ 立 |

27. 스스로 할 수 있는 自□심을 키워야 한다.
   (   )

28. 많은 자료를 컴퓨터에 入□시켰다. (   )

■ 다음 [ ] 안에 있는 한자어의 뜻(풀이)이 바른 것을 골라 번호를 쓰시오.

29. [線]   (   )
   ① 물체나 장소 따위의 가장자리
   ② 사물의 겉으로 드러난 쪽의 평평한 바닥
   ③ 그어 놓은 금이나 줄
   ④ 작고 둥글게 찍은 표

30. [生活]   (   )
   ① 배워서 익힘
   ② 선량한 마음
   ③ 몸을 움직여 행동함
   ④ 사람이나 동물이 일정한 환경에서 활동하며 살아감

주관식 (31~50번)

■ 다음 한자어의 독음(소리)을 〈보기〉와 같이 쓰시오.

| 보기 | 一日 (일일) |

31. 出生 (   )   32. 手足 (   )
33. 父王 (   )   34. 白土 (   )
35. 江山 (   )   36. 母女 (   )

■ 다음 한자의 훈(뜻)과 음(소리)을 〈보기〉와 같이 쓰시오.

| 보기 | 一 (하나 일) |

37. 工 (   )   38. 力 (   )
39. 江 (   )   40. 足 (   )
41. 百 (   )   42. 月 (   )
43. 川 (   )   44. 手 (   )

■ 다음 문장 중 한자어의 독음(소리)을 〈보기〉에서 찾아 쓰시오.

| 보기 | 문장 민속 신호 체육 식 실감 |

45. 이를 式으로 나타내면 다음과 같습니다.
   (   )

46. 문법에 벗어난 文章을 고르시오. (   )

47. 體育 선생님에게 혼이 났습니다. (   )

48. 교통 信號를 지킵시다. (   )

49. 남도 민요는 우리나라 民俗 음악의 모태입니다.
   (   )

50. 이번 일로 인생의 쓴맛을 實感했습니다.
   (   )

9회 한자자격시험 7급 예상문제

객관식 (1~30번)

■ 다음 [ ]안 한자의 바른 음(소리)을 골라 번호를 쓰시오.

1. [兄]　　(　　　)
   ① 형　　② 남　　③ 립　　④ 석

2. [力]　　(　　　)
   ① 월　　② 부　　③ 력　　④ 산

3. [石]　　(　　　)
   ① 소　　② 석　　③ 화　　④ 중

4. [千]　　(　　　)
   ① 수　　② 천　　③ 인　　④ 모

5. [효]　　(　　　)
   ① 토　　② 칠　　③ 일　　④ 입

■ 다음 [ ]안의 뜻에 맞는 한자를 골라 번호를 쓰시오.

6. [사내]　(　　　)
   ① 上　　② 生　　③ 立　　④ 男

7. [장인]　(　　　)
   ① 江　　② 門　　③ 工　　④ 足

8. [손]　　(　　　)
   ① 手　　② 天　　③ 下　　④ 四

9. [작다]　(　　　)
   ① 小　　② 中　　③ 七　　④ 口

10. [눈]　 (　　　)
    ① 日　　② 目　　③ 王　　④ 工

■ 다음 문장 중 한자어를 바르게 익은 것을 골라 번호를 쓰시오.

11. 내일 午後 두 시에 만납시다. (　　　)
    ① 안경　② 오후　③ 오전　④ 심야

12. 敎室 안에서는 토론이 한창입니다. (　　　)
    ① 학교　② 야외　③ 식사　④ 교실

13. 正直한 사람은 언젠가는 성공합니다. (　　　)
    ① 근면　② 정숙　③ 정직　④ 가치

14. 이 時計는 습기에 강합니다. (　　　)
    ① 시간　② 시계　③ 반지　④ 수첩

15. 그는 자신의 役割에 최선을 다했습니다.
    (　　　)
    ① 역할　② 부분　③ 책임　④ 의무

16. 어머니의 말씀을 分明하게 이해했습니다.
    (　　　)
    ① 분명　② 명확　③ 분수　④ 발명

17. 선생님, 質問이 있습니다. (　　　)
    ① 질문　② 문답　③ 공격　④ 수식

■ 다음 글을 읽고 밑줄 친 부분이 뜻하는 한자를 <보기>에서 골라 번호를 쓰시오.

> 18)산은 모든 만물이 살아있는 곳입니다. 19)물이 흐르고 20)돌이 있으며 21)백에서 22)천 가지가 넘는 23)나무와 24)생명이 숨 쉬고 있습니다. 산 속 25)자연의 깨끗한 물은 다시 26)강으로 흘러들어갑니다.

보기	① 千	② 木	③ 山	④ 江
	⑤ 水	⑥ 自	⑦ 百	⑧ 石
	⑨ 生			

9회 한자자격시험 7급 예상문제

18. (   )   19. (   )
20. (   )   21. (   )
22. (   )   23. (   )
24. (   )   25. (   )
26. (   )

■ 다음 문장 중 □ 안에 들어갈 알맞은 한자를 〈보기〉에서 골라 번호를 쓰시오.

보기 ① 手   ② 自   ③ 金   ④ 兄

27. 항상 스스로 믿는 □ 신감을 가져라.
    (   )

28. 고생 끝에 올림픽에서 □ 메달을 땄다.
    (   )

■ 다음 [ ] 안에 있는 한자어의 뜻(풀이)이 바른 것을 골라 번호를 쓰시오.

29. [環境]   (   )
① 우리를 둘러싸고 있는 주변
② 가지런하게 바로 잡음
③ 사람들 사이에서 내려오는 풍속
④ 어떤 일을 할 때, 여럿이 다 같이 따라 지키기로 약속한 것

30. [信號]   (   )
① 시간을 보는 기계
② 어떤 일을 앞서서 생각해 놓음
③ 계산을 하기 위해 세우는 법칙
④ 소리, 빛깔, 빛 따위의 일정한 부호에 의하여 의사를 전하는 일

주관식 (31~50번)

■ 다음 한자어의 독음(소리)을 〈보기〉와 같이 쓰시오.

보기 一日 (일일)

31. 入門 (   )   32. 水石 (   )
33. 天下 (   )   34. 生母 (   )
35. 小心 (   )   36. 出生 (   )

■ 다음 한자의 훈(뜻)과 음(소리)을 〈보기〉와 같이 쓰시오.

보기 一 (하나 일)

37. 足 (   )   38. 生 (   )
39. 江 (   )   40. 目 (   )
41. 男 (   )   42. 自 (   )
43. 千 (   )   44. 手 (   )

■ 다음 문장 중 한자어의 독음(소리)을 〈보기〉에서 찾아 쓰시오.

보기 역할   배열   질문   계획   안전   자세

45. 무슨 일이든지 기본적인 **姿勢**가 중요합니다.
    (   )

46. 누구나 각자 맡은 **役割**이 있습니다. (   )

47. 교통 **安全**은 생명과 직결되는 중대한 문제입니다.
    (   )

48. 너의 방학 **計劃**은 뭐니? (   )

49. 글자 **配列**이 조금 잘못된 듯해요. (   )

50. **質問**은 정확하게 해야 합니다. (   )

10회 한자자격시험 7급 예상문제

객관식 (1~30번)

■ 다음 [ ] 안 한자의 바른 음(소리)을 골라 번호를 쓰시오.

1. [金]   (   )
   ① 수   ② 금   ③ 화   ④ 일

2. [自]   (   )
   ① 강   ② 토   ③ 자   ④ 백

3. [出]   (   )
   ① 출   ② 육   ③ 문   ④ 백

4. [目]   (   )
   ① 구   ② 목   ③ 이   ④ 십

5. [江]   (   )
   ① 형   ② 왕   ③ 강   ④ 상

■ 다음 [ ] 안의 뜻에 맞는 한자를 골라 번호를 쓰시오.

6. [하늘]   (   )
   ① 江   ② 千   ③ 金   ④ 天

7. [다섯]   (   )
   ① 出   ② 月   ③ 兄   ④ 五

8. [내]   (   )
   ① 男   ② 手   ③ 川   ④ 心

9. [발]   (   )
   ① 力   ② 足   ③ 白   ④ 立

10. [마음]   (   )
    ① 自   ② 心   ③ 兄   ④ 手

■ 다음 문장 중 한자어를 바르게 읽은 것을 골라 번호를 쓰시오.

11. 文法 공부는 어렵습니다. (   )
    ① 문법   ② 문장   ③ 시험   ④ 국어

12. 형이 좋은 詩를 소개해 주었어요. (   )
    ① 요   ② 경   ③ 소   ④ 시

13. 體育시간에 운동장을 뛰었습니다. (   )
    ① 체육   ② 윤리   ③ 가정   ④ 수학

14. 自然재해로 큰 피해를 입었습니다. (   )
    ① 환경   ② 자신   ③ 당연   ④ 자연

15. 그는 봉사活動을 많이 합니다. (   )
    ① 운동   ② 활동   ③ 행동   ④ 활성

16. 내일 음악시간에는 五線지를 가져오세요. (   )
    ① 오보   ② 오선   ③ 화선   ④ 행선

17. 영화 속 명場面을 따라해 보았습니다. (   )
    ① 화면   ② 장면   ③ 장소   ④ 상상

■ 다음 글을 읽고 밑줄 친 부분이 뜻하는 한자를 <보기>에서 골라 번호를 쓰시오.

일요일을 맞아 작은 계곡이 있는 18)산으로 나들이를 갔습니다. 19)물이 흐르는 계곡을 따라 20)두 시간쯤 올라가니 21)작고 아담한 공원이 나왔습니다. 우리 가족은 22)나무 그늘 23)아래 돗자리를 펴고 도시락을 꺼내 먹었습니다. 24)아빠와 25)형은 26)엄마가 만드신 김밥이 너무 맛있다고 했습니다. 나도 엄마가 만드신 김밥이 최고입니다.

보기	① 二	② 父	③ 水	④ 小
	⑤ 母	⑥ 山	⑦ 下	⑧ 木
	⑨ 兄			

10회 한자자격시험 7급 예상문제

18. (　　　　　)　　19. (　　　　　)
20. (　　　　　)　　21. (　　　　　)
22. (　　　　　)　　23. (　　　　　)
24. (　　　　　)　　25. (　　　　　)
26. (　　　　　)

■ 다음 문장 중 □ 안에 들어갈 알맞은 한자를 〈보기〉에서 골라 번호를 쓰시오.

| 보기 | ① 出 | ② 王 | ③ 火 | ④ 力 |

27. 집안을 □入할 때는 문단속을 잘해야 합니다.
(　　　　　)

28. 체험학습 시간에 水□ 발전소를 다녀왔습니다.
(　　　　　)

■ 다음 [ ] 안에 있는 한자어의 뜻(풀이)이 바른 것을 골라 번호를 쓰시오.

29. [姿勢]　(　　　　　)
　① 나누어 맡은 구실
　② 배워서 익힘
　③ 몸을 가누는 모양
　④ 어떤 장소에서 벌어진 광경

30. [配列]　(　　　　　)
　① 머릿속으로 그려서 생각함
　② 일정한 차례나 간격으로 죽 벌여 놓음
　③ 셈하여 값을 얻는 것
　④ 미리 갖추어 놓음

주관식 (31~50번)

■ 다음 한자어의 독음(소리)을 〈보기〉와 같이 쓰시오.

| 보기 | 一日 (일일) |

31. 自立 (　　　　)　32. 出力 (　　　　)
33. 江山 (　　　　)　34. 白人 (　　　　)
35. 手足 (　　　　)　36. 男子 (　　　　)

■ 다음 한자의 훈(뜻)과 음(소리)을 〈보기〉와 같이 쓰시오.

| 보기 | 一 (하나 일) |

37. 兄 (　　　　)　38. 川 (　　　　)
39. 入 (　　　　)　40. 金 (　　　　)
41. 出 (　　　　)　42. 百 (　　　　)
43. 立 (　　　　)　44. 力 (　　　　)

■ 다음 문장 중 한자어의 독음(소리)을 〈보기〉에서 찾아 쓰시오.

| 보기 | 부호　실감　정리　모형　신호　환경 |

45. 집 안을 깨끗이 整理했습니다. (　　　　)

46. 집에 돌아온 것이 實感 납니다. (　　　　)

47. 環境 오염에 대한 우려가 현실화되고 있습니다.
(　　　　)

48. 信號가 빨간색으로 바뀌었어요. (　　　　)

49. 가끔 模型 자동차 놀이를 즐깁니다. (　　　　)

50. 문자는 일종의 符號에서부터 시작되었습니다.
(　　　　)

한자자격시험 7급 기출문제

1~4회

1회 한자자격시험 7급 기출문제

객관식 (1~30번)

■ 다음 [ ] 안 한자의 바른 음(소리)을 골라 번호를 쓰시오.

1. [兄]　(　　)
   ① 형　② 인　③ 제　④ 하

2. [百]　(　　)
   ① 박　② 수　③ 백　④ 패

3. [天]　(　　)
   ① 왕　② 대　③ 전　④ 천

4. [門]　(　　)
   ① 군　② 문　③ 운　④ 물

5. [火]　(　　)
   ① 월　② 목　③ 화　④ 토

■ 다음 [ ] 안의 뜻에 맞는 한자를 골라 번호를 쓰시오.

6. [힘]　(　　)
   ① 男　② 子　③ 口　④ 力

7. [서다]　(　　)
   ① 七　② 立　③ 中　④ 手

8. [달]　(　　)
   ① 九　② 兄　③ 月　④ 自

9. [작다]　(　　)
   ① 小　② 目　③ 女　④ 人

10. [흙]　(　　)
    ① 足　② 四　③ 土　④ 十

■ 다음 문장 중 한자어를 바르게 읽은 것을 골라 번호를 쓰시오.

11. 나는 올해 1學年입니다. (　　)
    ① 학생　② 학년　③ 학교　④ 학장

12. 수업이 午前에 끝났습니다. (　　)
    ① 우리　② 오후　③ 우상　④ 오전

13. 體育시간에 줄넘기를 하였습니다. (　　)
    ① 체육　② 미술　③ 체조　④ 음악

14. 특별活動시간에 종이접기를 했습니다. (　　)
    ① 실험　② 활용　③ 활동　④ 시험

15. 우리는 自然스럽게 친해졌습니다. (　　)
    ① 자랑　② 자동　③ 천연　④ 자연

16. 친구들과 함께 役割 놀이를 했습니다. (　　)
    ① 역할　② 연극　③ 분할　④ 분장

17. 동생의 밝은 표정으로 보아 좋은 일이 있는 것이 分明했습니다. (　　)
    ① 정당　② 분명　③ 당연　④ 공명

■ 다음 글을 읽고 밑줄 친 부분이 뜻하는 한자를 〈보기〉에서 골라 번호를 쓰시오.

> 18)산 골짜기 19)냇물이 흘러서 20)강물이 되고, 강물은 흘러가면 바다가 됩니다. 21)해님이 바다 22)위를 비추면, 바닷23)물은 수24)천 개의 알갱이가 되어 25)하늘로 올라갑니다. 하늘로 올라간 물 알갱이가 모여 26)하얀 구름이 되고, 하얀 구름이 성이 나서 먹구름되면, 빗방울이 되어 땅으로 내립니다.

보기	① 日	② 白	③ 江	④ 天
	⑤ 水	⑥ 上	⑦ 千	⑧ 川
	⑨ 山			

1회 한자자격시험 7급 기출문제

18. ( ) 19. ( )
20. ( ) 21. ( )
22. ( ) 23. ( )
24. ( ) 25. ( )
26. ( )

■ 다음 문장 중 □ 안에 들어갈 알맞은 한자를 〈보기〉에서 골라 번호를 쓰시오.

보기 ① 五   ② 出   ③ 土   ④ 生

27. 세상에 태어난 날을 □日이라고 합니다.
( )

28. 밖으로 나갈 수 있는 통로를 □口라고 합니다.
( )

■ 다음 [ ] 안에 있는 한자어의 뜻(풀이)이 바른 것을 골라 번호를 쓰시오.

29. [教室]   ( )
① 학습 활동이 이루어지는 방
② 어떤 시각에서 어떤 시각까지의 사이
③ 마음에 거짓이나 꾸밈이 없이 바르고 곧음
④ 어떤 장소에서 겉으로 드러난 면이나 벌어진 광경

30. [時計]   ( )
① 배워서 익힘
② 귀중하고 요긴함
③ 생활하는 주위의 상태
④ 시간을 재거나 시각을 나타내는 기계나 장치

주관식 (31~50번)

■ 다음 한자어의 독음(소리)을 〈보기〉와 같이 쓰시오.

보기 一日 (일일)

31. 金石 ( )   32. 男子 ( )
33. 父王 ( )   34. 心中 ( )
35. 人力 ( )   36. 自立 ( )

■ 다음 한자의 훈(뜻)과 음(소리)을 〈보기〉와 같이 쓰시오.

보기 一 (하나 일)

37. 木 ( )   38. 水 ( )
39. 下 ( )   40. 工 ( )
41. 目 ( )   42. 手 ( )
43. 入 ( )   44. 足 ( )

■ 다음 문장 중 한자어의 독음(소리)을 〈보기〉에서 찾아 쓰시오.

보기 시   방법   발음   선   상상   안전

45. 악기 연주하는 方法을 배웠어요. ( )

46. 도화지에 긴 線을 그었습니다. ( )

47. 솜이불을 發音하면 [솜니불]이 됩니다.
( )

48. 찻길을 安全하게 건너기 위해 손을 들고 좌우를 살폈습니다. ( )

49. 선생님께서는 재미난 詩를 읽어주셨습니다.
( )

50. 바다 속 풍경을 想像하며 그림을 그렸습니다.
( )

2회 한자자격시험 7급 기출문제

객관식 (1~30번)

■ 다음 [ ] 안 한자의 바른 음(소리)을 골라 번호를 쓰시오.

1. [百]   (   )
   ① 백   ② 일   ③ 천   ④ 만

2. [足]   (   )
   ① 수   ② 정   ③ 족   ④ 구

3. [天]   (   )
   ① 대   ② 천   ③ 산   ④ 태

4. [木]   (   )
   ① 대   ② 수   ③ 하   ④ 목

5. [人]   (   )
   ① 입   ② 팔   ③ 인   ④ 화

■ 다음 [ ] 안의 뜻에 맞는 한자를 골라 번호를 쓰시오.

6. [내]   (   )
   ① 川   ② 金   ③ 兄   ④ 立

7. [문]   (   )
   ① 千   ② 口   ③ 石   ④ 門

8. [마음]   (   )
   ① 小   ② 心   ③ 生   ④ 出

9. [스스로]   (   )
   ① 月   ② 白   ③ 自   ④ 日

10. [강]   (   )
    ① 江   ② 力   ③ 火   ④ 母

■ 다음 문장 중 한자어를 바르게 읽은 것을 골라 번호를 쓰시오.

11. 벽걸이 時計가 세 번 울렸습니다. (   )
    ① 악기   ② 시계   ③ 그림   ④ 장구

12. 바른 姿勢로 앉아야 합니다. (   )
    ① 상태   ② 정신   ③ 모습   ④ 자세

13. 재능보다 더 重要한 것은 노력입니다. (   )
    ① 중요   ② 귀중   ③ 절실   ④ 소중

14. 퍼즐 조각들을 한 줄로 配列해 보세요. (   )
    ① 나열   ② 배열   ③ 배정   ④ 정렬

15. 리모컨으로 模型자동차를 조종합니다. (   )
    ① 보통   ② 소형   ③ 모형   ④ 모조

16. 가족과 함께 여행 計劃을 짰습니다. (   )
    ① 계획   ② 계산   ③ 토론   ④ 상의

17. 돌고래가 뛰어오르는 場面이 제일 멋있었어요. (   )
    ① 장소   ② 장면   ③ 장난   ④ 모습

■ 다음 글을 읽고 밑줄 친 부분이 뜻하는 한자를 <보기>에서 골라 번호를 쓰시오.

지난 주말에는 18)아버지와 함께 19)산에 다녀왔습니다. 20)물을 마시기 위해 잠시 바위에 앉았을 때 아주 21)작은 달팽이를 보았습니다. 내가 22)손으로 톡 하고 만지자 달팽이는 두 23)눈을 쏙 감추고는 동그란 집으로 24)들어가다 25)흙길로 굴러 떨어졌습니다. 나는 달팽이를 조심스럽게 주워 나뭇잎 26)위에 올려 주었습니다.

보기	① 手	② 目	③ 上	④ 水
	⑤ 父	⑥ 土	⑦ 入	⑧ 山
	⑨ 小			

2회 한자자격시험 7급 기출문제

18. (   )   19. (   )
20. (   )   21. (   )
22. (   )   23. (   )
24. (   )   25. (   )
26. (   )

■ 다음 문장 중 □ 안에 들어갈 알맞은 한자를 〈보기〉에서 골라 번호를 쓰시오.

보기 ① 火   ② 石   ③ 男   ④ 王

27. 임금의 아들을 □子라고 합니다.
    (   )

28. 남자와 여자를 줄여서 □女라고 합니다.
    (   )

■ 다음 [ ] 안에 있는 한자어의 뜻(풀이)이 바른 것을 골라 번호를 쓰시오.

29. [善心]   (   )
    ① 착한 마음
    ② 어떤 것의 가장자리
    ③ 어떤 뜻을 나타내는 기호
    ④ 학교에서 주로 수업에 쓰는 방

30. [質問]   (   )
    ① 배우고 익힘
    ② 물어 보는 것
    ③ 어떤 일을 앞서서 생각해 놓음
    ④ 사람이 만들지 않고 스스로 생겨난 것

주관식 (31~50번)

■ 다음 한자어의 독음(소리)을 〈보기〉와 같이 쓰시오.

보기 一日 (일일)

31. 石工 (   )   32. 日出 (   )
33. 自力 (   )   34. 中心 (   )
35. 入金 (   )   36. 山川 (   )

■ 다음 한자의 훈(뜻)과 음(소리)을 〈보기〉와 같이 쓰시오.

보기 一 (하나 일)

37. 兄 (   )   38. 口 (   )
39. 千 (   )   40. 月 (   )
41. 白 (   )   42. 立 (   )
43. 子 (   )   44. 生 (   )

■ 다음 문장 중 한자어의 독음(소리)을 〈보기〉에서 찾아 쓰시오.

보기 교실   신호   환경   정확   체육   실감

45. 體育시간에 공굴리기를 했습니다. (   )
46. 敎室 벽에 내 작품이 걸렸어요. (   )
47. 화살이 正確하게 한가운데 꽂혔습니다.
    (   )
48. 선생님께서 동화책을 實感나게 읽어 주셨습니다.
    (   )
49. 건널목을 건너기 전에는 반드시 녹색 信號를 확인해야 합니다. (   )
50. 環境을 살리기 위해 어린이들이 할 수 있는 일에는 무엇이 있을까요? (   )

3회 한자자격시험 7급 기출문제

객관식 (1~30번)

■ 다음 [ ] 안 한자의 바른 음(소리)을 골라 번호를 쓰시오.

1. [兄]　(　　　)
　① 축　② 인　③ 형　④ 제

2. [手]　(　　　)
　① 주　② 수　③ 우　④ 구

3. [川]　(　　　)
　① 선　② 삼　③ 천　④ 강

4. [王]　(　　　)
　① 왕　② 공　③ 장　④ 옹

5. [母]　(　　　)
　① 매　② 부　③ 목　④ 모

■ 다음 [ ] 안의 뜻에 맞는 한자를 골라 번호를 쓰시오.

6. [서다]　(　　　)
　① 立　② 石　③ 口　④ 八

7. [일백]　(　　　)
　① 白　② 百　③ 日　④ 兄

8. [손]　(　　　)
　① 火　② 生　③ 人　④ 手

9. [가운데]　(　　　)
　① 中　② 門　③ 上　④ 目

10. [흙]　(　　　)
　① 出　② 火　③ 土　④ 母

■ 다음 문장 중 한자어를 바르게 읽은 것을 골라 번호를 쓰시오.

11. 計算을 정확하게 하였습니다. (　　　)
　① 수산　② 계획　③ 산수　④ 계산

12. 도화지에 커다란 圓을 그렸습니다. (　　　)
　① 점　② 선　③ 면　④ 원

13. 오늘은 국어의 文法을 공부합니다. (　　　)
　① 문장　② 어법　③ 문법　④ 사용

14. 감탄문에는 느낌표 符號를 씁니다. (　　　)
　① 부호　② 내용　③ 표시　④ 표현

15. 선생님과 학예회 準備를 하였습니다. (　　　)
　① 예비　② 준비　③ 장난　④ 선물

16. 숫자의 배열에는 規則이 있습니다. (　　　)
　① 법률　② 규율　③ 법칙　④ 규칙

17. 時間 약속을 지킵시다. (　　　)
　① 점심　② 시간　③ 시계　④ 비밀

■ 다음 글을 읽고 밑줄 친 부분이 뜻하는 한자를 <보기>에서 골라 번호를 쓰시오.

운동회가 열리는 날 아침, 18)하늘에는 19)해가 20)눈부시게 반짝였습니다. 몇몇 21)남자아이들은 들뜬 22)마음에 어쩔 줄을 몰라 했고, 23)여자아이들은 응원도구를 만드느라 정신이 없었습니다. 씨름대회는 24)힘이 센 민수가, 달리기 대회에는 25)발이 빠른 은선이가 26)나가기로 했습니다.

보기
① 日　② 女　③ 目　④ 男
⑤ 心　⑥ 足　⑦ 力　⑧ 天
⑨ 出

3회 한자자격시험 7급 기출문제

18. (   )　　19. (   )
20. (   )　　21. (   )
22. (   )　　23. (   )
24. (   )　　25. (   )
26. (   )

■ 다음 문장 중 □ 안에 들어갈 알맞은 한자를 〈보기〉에서 골라 번호를 쓰시오.

| 보기 | ① 火　　② 入　　③ 生　　④ 工 |

27. 동굴 □口에서 시원한 바람이 불어왔습니다.
    (   )

28. 어머니와 함께 동생의 □日 케이크를 샀습니다.
    (   )

■ 다음 [ ] 안에 있는 한자어의 뜻(풀이)이 바른 것을 골라 번호를 쓰시오.

29. [時計]　(   )
    ① 위험하지 않음
    ② 몸을 가누는 모양
    ③ 힘차게 몸이나 생각을 움직임
    ④ 시간을 재거나 시각을 나타내는 기계

30. [三角形]　(   )
    ① 배우고 익힘
    ② 모서리가 세 개인 모양
    ③ 어떤 장소에서 벌어진 광경
    ④ 어떤 생각이나 느낌을 글자로써 적어 나타낸 것

주관식 (31~50번)

■ 다음 한자어의 독음(소리)을 〈보기〉와 같이 쓰시오.

| 보기 | 一日 (일일) |

31. 自白 (   )　　32. 江山 (   )
33. 木工 (   )　　34. 金石 (   )
35. 男子 (   )　　36. 七千 (   )

■ 다음 한자의 훈(뜻)과 음(소리)을 〈보기〉와 같이 쓰시오.

| 보기 | 一 (하나 일) |

37. 力 (   )　　38. 心 (   )
39. 天 (   )　　40. 出 (   )
41. 兄 (   )　　42. 立 (   )
43. 小 (   )　　44. 父 (   )

■ 다음 문장 중 한자어의 독음(소리)을 〈보기〉에서 찾아 쓰시오.

| 보기 | 민속　정직　자연　발음　오전　안전 |

45. 또박또박 정확한 發音으로 책을 읽습니다.
    (   )

46. 윷놀이는 인기 있는 民俗놀이입니다.
    (   )

47. 차를 탈 때는 安全벨트를 매세요. (   )

48. 오늘 午前에는 '인사하는 법'에 대해서 배웁니다.
    (   )

49. 선생님께서는 正直한 어린이에게 선물을 주셨습니다. (   )

50. 공원 잔디밭에는 '自然보호'라고 쓰인 팻말이 있습니다. (   )

4회 한자자격시험 7급 기출문제

객관식 (1~30번)

■ 다음 [ ] 안 한자의 바른 음(소리)을 골라 번호를 쓰시오.

1. [足] (   )
    ① 족   ② 속   ③ 정   ④ 축

2. [千] (   )
    ① 철   ② 십   ③ 점   ④ 천

3. [出] (   )
    ① 출   ② 산   ③ 설   ④ 죽

4. [月] (   )
    ① 일   ② 월   ③ 주   ④ 목

5. [火] (   )
    ① 화   ② 수   ③ 목   ④ 토

■ 다음 [ ] 안의 뜻에 맞는 한자를 골라 번호를 쓰시오.

6. [아래] (   )
    ① 山   ② 入   ③ 上   ④ 下

7. [장인] (   )
    ① 父   ② 百   ③ 工   ④ 手

8. [돌] (   )
    ① 男   ② 金   ③ 石   ④ 兄

9. [하늘] (   )
    ① 天   ② 川   ③ 力   ④ 立

10. [희다] (   )
    ① 自   ② 白   ③ 目   ④ 口

■ 다음 문장 중에 쓰인 한자어를 바르게 읽은 것을 골라 번호를 쓰시오.

11. 좋은 **方法**을 찾아봅시다. (   )
    ① 해법   ② 방안   ③ 방법   ④ 해답

12. 색칠을 하니 그림이 **分明**해졌습니다. (   )
    ① 분명   ② 확실   ③ 분할   ④ 역할

13. 달리기 선수들이 출발**線**에 섰습니다. (   )
    ① 금   ② 상   ③ 선   ④ 지

14. 수학문제를 풀기 위해 **式**을 세웠습니다. (   )
    ① 선   ② 식   ③ 변   ④ 장

15. **午後**에 수영장에 다녀왔습니다. (   )
    ① 자정   ② 오전   ③ 정오   ④ 오후

16. 유치원에서 **學習**발표회를 합니다. (   )
    ① 교실   ② 학습   ③ 교습   ④ 학교

17. 곰이 **活動**을 시작했습니다. (   )
    ① 활동   ② 활발   ③ 운동   ④ 태동

■ 다음 글을 읽고 밑줄 친 부분이 뜻하는 한자를 〈보기〉에서 골라 번호를 쓰시오.

> 옛날 어느 마을에 아주 사이좋은 형제가 살고 있었습니다. 어느 18)날, 형제는 19)강을 건너기 위해 길을 나섰습니다. 강가에 이르렀을 때, 동생은 20)발밑에서 21)작은 22)금덩어리 두 개를 발견하였습니다. 그리고 그 23)가운데 하나를 24)형님에게 주었습니다.
> 배를 타고 강을 건너던 중에 아우는 갑자기 갖고 있던 금덩어리를 25)물속에 던져 버렸습니다. 아우는 '형님이 없었다면 자기가 금덩어리를 두 개 다 차지할 수 있었을 텐데'라는 26)마음이 들어서 금을 던져 버렸다고 말했습니다. 그 말을 들은 형도 금덩어리를 배 밖으로 던져 버렸습니다.

4회 한자자격시험 7급 기출문제

보기	① 水	② 中	③ 金	④ 江
	⑤ 日	⑥ 心	⑦ 足	⑧ 小
	⑨ 兄			

18. (   )   19. (   )
20. (   )   21. (   )
22. (   )   23. (   )
24. (   )   25. (   )
26. (   )

■ 다음 문장 중 □ 안에 들어갈 알맞은 한자를 〈보기〉에서 골라 번호를 쓰시오.

보기	① 千	② 力	③ 目	④ 男

27. 사람은 여자와 □子로 나뉩니다. (   )

28. 사람의 힘을 人□이라고 합니다. (   )

■ 다음 [ ] 안에 있는 한자어의 뜻(풀이)이 바른 것을 골라 번호를 쓰시오.

29. [教室]   (   )
   ① 배우는 해
   ② 배우고 익힘
   ③ 학교에서 주로 수업에 쓰는 방
   ④ 똑같은 모양의 물건을 만들기 위한 틀

30. [體育]   (   )
   ① 생생한 느낌
   ② 몸소 경험함
   ③ 미리 갖추어 놓음
   ④ 건강한 몸과 운동능력을 기르는 일

주관식 (31~50번)

■ 다음 한자어의 독음(소리)을 〈보기〉와 같이 쓰시오.

보기	一日 (일일)

31. 石工 (   )   32. 中心 (   )
33. 天上 (   )   34. 自生 (   )
35. 入門 (   )   36. 五寸 (   )

■ 다음 한자의 훈(뜻)과 음(소리)을 〈보기〉와 같이 쓰시오.

보기	一 (하나 일)

37. 目 (   )   38. 百 (   )
39. 手 (   )   40. 川 (   )
41. 木 (   )   42. 出 (   )
43. 母 (   )   44. 兄 (   )

■ 다음 문장 중 한자어의 독음(소리)을 〈보기〉에서 찾아 쓰시오.

보기	중요 질문 장면 역할 상상 정리

45. 나의 미래를 想像해 보았습니다.
   (   )

46. 갖고 놀던 장난감을 整理했습니다. (   )

47. 시장 놀이에서 나의 役割은 과일가게 주인입니다.
   (   )

48. 무지개가 뜬 場面을 그려 보세요. (   )

49. 선생님은 重要한 부분에 밑줄을 그어 주셨습니다.
   (   )

50. 어머니는 내가 質問을 하면 언제나 웃으면서 대답해 주십니다. (   )

한자자격시험 7·8급 예상문제·기출문제
정답

정답

한자자격시험 8급 예상문제 01

객관식 정답

1. ③	7. ④	13. ③	19. ④	25. ⑥
2. ①	8. ③	14. ④	20. ⑤	26. ⑦
3. ②	9. ②	15. ①	21. ①	27. ④
4. ③	10. ①	16. ②	22. ⑧	28. ①
5. ②	11. ①	17. ⑤	23. ②	29. ②
6. ④	12. ②	18. ③	24. ③	30. ③

주관식 정답

31. 상하	37. 아홉 구	43. 어머니 모	49. 주의
32. 십팔	38. 메 산	44. 위 상	50. 동물
33. 산중	39. 사람 인	45. 학교	
34. 칠월	40. 여섯 륙	46. 공부	
35. 아들 자	41. 가운데 중	47. 친구	
36. 흰 백	42. 불 화	48. 내용	

한자자격시험 8급 예상문제 02

객관식 정답

1. ①	7. ③	13. ②	19. ③	25. ⑥
2. ①	8. ④	14. ③	20. ⑦	26. ④
3. ②	9. ③	15. ③	21. ①	27. ⑨
4. ②	10. ③	16. ②	22. ⑧	28. ②
5. ②	11. ①	17. ②	23. ⑤	29. ③
6. ④	12. ④	18. ①	24. ⑩	30. ②

주관식 정답

31. 자녀	37. 입 구	43. 흙 토	49. 선생
32. 하인	38. 임금 왕	44. 날 일	50. 식물
33. 부왕	39. 계집 녀	45. 문장	
34. 중일	40. 아버지 부	46. 인물	
35. 문 문	41. 물 수	47. 생활	
36. 작을 소	42. 달 월	48. 의견	

한자자격시험 8급 예상문제 03

객관식 정답

1. ④	7. ④	13. ①	19. ④	25. ⑤
2. ③	8. ①	14. ③	20. ①	26. ⑨
3. ②	9. ④	15. ③	21. ③	27. ⑥
4. ②	10. ②	16. ②	22. ⑧	28. ①
5. ②	11. ④	17. ④	23. ②	29. ④
6. ①	12. ②	18. ①	24. ⑦	30. ③

주관식 정답

31. 수중	37. 다섯 오	43. 흙 토	49. 내용
32. 왕자	38. 계집 녀	44. 한 일	50. 주의
33. 부모	39. 흰 백	45. 사물	
34. 여인	40. 작을 소	46. 학교	
35. 불 화	41. 두 이	47. 공부	
36. 위 상	42. 아들 자	48. 친구	

한자자격시험 8급 예상문제 04

객관식 정답

1. ③	7. ②	13. ③	19. ②	25. ①
2. ③	8. ①	14. ④	20. ④	26. ②
3. ①	9. ②	15. ②	21. ⑥	27. ④
4. ①	10. ②	16. ①	22. ⑦	28. ③
5. ④	11. ④	17. ②	23. ③	29. ⑤
6. ③	12. ④	18. ④	24. ⑤	30. ①

주관식 정답

31. 산상	37. 아홉 구	43. 여덟 팔	49. 의견
32. 유월	38. 나무 목	44. 문 문	50. 선생
33. 부자	39. 석 삼	45. 동물	
34. 백인	40. 임금 왕	46. 문장	
35. 아버지 부	41. 다섯 오	47. 인물	
36. 물 수	42. 달 월	48. 생활	

정답

한자자격시험 8급 예상문제 05

객관식 정답

1. ①	7. ③	13. ②	19. ②	25. ⑦			
2. ①	8. ③	14. ③	20. ③	26. ⑥			
3. ③	9. ③	15. ①	21. ④	27. ③			
4. ②	10. ④	16. ②	22. ⑤	28. ④			
5. ②	11. ④	17. ③	23. ①	29. ①			
6. ④	12. ①	18. ④	24. ⑧	30. ②			

주관식 정답

31. 자녀	37. 어머니 모	43. 일곱 칠	49. 친구
32. 하인	38. 열 십	44. 가운데 중	50. 내용
33. 십오	39. 사람 인	45. 식물	
34. 수중	40. 입 구	46. 사물	
35. 넉 사	41. 메 산	47. 학교	
36. 날 일	42. 아래 하	48. 공부	

한자자격시험 8급 예상문제 06

객관식 정답

1. ②	7. ③	13. ①	19. ①	25. ⑥	
2. ④	8. ①	14. ③	20. ⑧	26. ⑦	
3. ②	9. ①	15. ③	21. ③	27. ④	
4. ②	10. ④	16. ④	22. ⑤	28. ③	
5. ③	11. ④	17. ②	23. ④	29. ②	
6. ③	12. ②	18. ①	24. ②	30. ①	

주관식 정답

31. 산상	37. 아홉 구	43. 불 화	49. 생활
32. 일월	38. 메 산	44. 석 삼	50. 의견
33. 십구	39. 다섯 오	45. 주의	
34. 왕자	40. 날 일	46. 동물	
35. 사람 인	41. 일곱 칠	47. 문장	
36. 문 문	42. 흙 토	48. 인물	

한자자격시험 8급 예상문제 07

객관식 정답

1. ①	7. ④	13. ③	19. ⑦	25. ⑥	
2. ②	8. ③	14. ③	20. ④	26. ②	
3. ④	9. ③	15. ④	21. ①	27. ⑤	
4. ③	10. ①	16. ①	22. ②	28. ③	
5. ②	11. ②	17. ②	23. ⑤	29. ④	
6. ④	12. ②	18. ④	24. ③	30. ①	

주관식 정답

31. 백인	37. 물 수	43. 두 이	49. 공부
32. 부모	38. 가운데 중	44. 입 구	50. 친구
33. 상하	39. 나무 목	45. 선생	
34. 자녀	40. 넉 사	46. 식물	
35. 작을 소	41. 열 십	47. 사물	
36. 어머니 모	42. 아래 하	48. 학교	

한자자격시험 8급 예상문제 08

객관식 정답

1. ②	7. ④	13. ①	19. ①	25. ⑥	
2. ③	8. ③	14. ③	20. ⑦	26. ②	
3. ④	9. ④	15. ②	21. ③	27. ③	
4. ①	10. ④	16. ②	22. ⑤	28. ⑤	
5. ②	11. ①	17. ②	23. ④	29. ①	
6. ③	12. ①	18. ③	24. ②	30. ④	

주관식 정답

31. 칠월	37. 임금 왕	43. 한 일	49. 선생
32. 인구	38. 여섯 륙	44. 계집 녀	50. 주의
33. 자녀	39. 달 월	45. 인물	
34. 부왕	40. 아버지 부	46. 의견	
35. 흰 백	41. 아들 자	47. 생활	
36. 위 상	42. 여덟 팔	48. 식물	

정 답

한자자격시험 8급 예상문제 09

객관식 정답

1. ②	7. ③	13. ②	19. ③	25. ②
2. ③	8. ③	14. ④	20. ⑤	26. ⑧
3. ①	9. ①	15. ②	21. ④	27. ⑩
4. ①	10. ①	16. ③	22. ①	28. ⑦
5. ④	11. ③	17. ①	23. ⑨	29. ②
6. ④	12. ③	18. ①	24. ⑥	30. ③

주관식 정답

31. 시월	37. 석 삼	43. 흰 백	49. 동물
32. 모자	38. 위 상	44. 여덟 팔	50. 학교
33. 인구	39. 사람 인	45. 내용	
34. 부왕	40. 흙 토	46. 생활	
35. 날 일	41. 여섯 륙	47. 문장	
36. 아들 자	42. 불 화	48. 사물	

한자자격시험 8급 예상문제 10

객관식 정답

1. ①	7. ④	13. ②	19. ②	25. ⑦
2. ③	8. ④	14. ②	20. ⑩	26. ⑥
3. ②	9. ④	15. ①	21. ⑨	27. ⑤
4. ②	10. ③	16. ③	22. ①	28. ④
5. ③	11. ①	17. ①	23. ⑧	29. ②
6. ①	12. ②	18. ②	24. ③	30. ①

주관식 정답

31. 왕자	37. 아홉 구	43. 열 십	49. 친구
32. 백인	38. 아래 하	44. 물 수	50. 공부
33. 부자	39. 나무 목	45. 인물	
34. 산상	40. 계집 녀	46. 주의	
35. 가운데 중	41. 일곱 칠	47. 선생	
36. 임금 왕	42. 작을 소	48. 의견	

한자자격시험 8급 기출문제 01

객관식 정답

1. ④	7. ③	13. ②	19. ⑧	25. ③
2. ②	8. ④	14. ④	20. ②	26. ①
3. ③	9. ①	15. ③	21. ⑥	27. ④
4. ①	10. ①	16. ①	22. ①	28. ②
5. ②	11. ②	17. ④	23. ⑤	29. ①
6. ①	12. ①	18. ②	24. ⑦	30. ④

주관식 정답

31. 하인	37. 아홉 구	43. 열 십	49. 생활
32. 자녀	38. 작을 소	44. 메 산	50. 공부
33. 이십	39. 물 수	45. 친구	
34. 토목	40. 다섯 오	46. 동물	
35. 어머니 모	41. 불 화	47. 학교	
36. 일곱 칠	42. 달 월	48. 의견	

한자자격시험 8급 기출문제 02

객관식 정답

1. ①	7. ④	13. ①	19. ①	25. ⑨
2. ③	8. ③	14. ④	20. ⑤	26. ⑧
3. ②	9. ②	15. ①	21. ②	27. ③
4. ①	10. ②	16. ②	22. ⑥	28. ②
5. ④	11. ④	17. ①	23. ④	29. ①
6. ②	12. ③	18. ③	24. ⑦	30. ④

주관식 정답

31. 모녀	37. 문 문	43. 메 산	49. 의견
32. 왕자	38. 다섯 오	44. 달 월	50. 친구
33. 상하	39. 아버지 부	45. 선생	
34. 십구	40. 나무 목	46. 동물	
35. 작을 소	41. 입 구	47. 공부	
36. 불 화	42. 여덟 팔	48. 생활	

정답

한자자격시험 8급 기출문제 03

객관식 정답

1.	③	7.	②	13.	③	19.	①	25.	⑤
2.	①	8.	①	14.	②	20.	④	26.	⑦
3.	④	9.	③	15.	③	21.	⑧	27.	③
4.	②	10.	③	16.	③	22.	⑨	28.	④
5.	①	11.	②	17.	②	23.	②	29.	①
6.	③	12.	④	18.	①	24.	⑥	30.	②

주관식 정답

31. 십오	37. 아래 하	43. 흙 토	49. 주의
32. 수중	38. 사람 인	44. 흰 백	50. 식물
33. 자녀	39. 작을 소	45. 내용	
34. 부모	40. 입 구	46. 문장	
35. 임금 왕	41. 달 월	47. 학교	
36. 나무 목	42. 일곱 칠	48. 사물	

한자자격시험 8급 기출문제 04

객관식 정답

1.	②	7.	④	13.	①	19.	⑤	25.	①
2.	④	8.	②	14.	③	20.	⑧	26.	②
3.	②	9.	③	15.	④	21.	④	27.	⑦
4.	③	10.	①	16.	②	22.	③	28.	④
5.	②	11.	③	17.	③	23.	⑨	29.	③
6.	①	12.	②	18.	④	24.	⑥	30.	①

주관식 정답

31. 사십	37. 위 상	43. 일곱 칠	49. 선생
32. 왕자	38. 작을 소	44. 입 구	50. 인물
33. 모녀	39. 아홉 구	45. 동물	
34. 화목	40. 아버지 부	46. 공부	
35. 날 일	41. 흙 토	47. 생활	
36. 가운데 중	42. 아래 하	48. 의견	

한자자격시험 7급 예상문제 01

객관식 정답

1.	③	7.	③	13.	①	19.	②	25.	⑤
2.	①	8.	①	14.	④	20.	⑧	26.	⑦
3.	④	9.	①	15.	③	21.	①	27.	③
4.	②	10.	③	16.	④	22.	⑨	28.	①
5.	④	11.	②	17.	①	23.	④	29.	③
6.	②	12.	②	18.	⑥	24.	③	30.	①

주관식 정답

31. 남자	37. 손 수	43. 일곱 칠	49. 시
32. 일출	38. 마음 심	44. 내 천	50. 교실
33. 화산	39. 다섯 오	45. 정리	
34. 수족	40. 사내 남	46. 선	
35. 석공	41. 날 생	47. 계획	
36. 천왕	42. 위 상	48. 정확	

한자자격시험 7급 예상문제 02

객관식 정답

1.	④	7.	③	13.	③	19.	⑦	25.	⑤
2.	④	8.	①	14.	②	20.	②	26.	⑥
3.	①	9.	③	15.	④	21.	④	27.	①
4.	①	10.	④	16.	②	22.	⑧	28.	②
5.	②	11.	④	17.	③	23.	⑨	29.	②
6.	③	12.	①	18.	①	24.	③	30.	④

주관식 정답

31. 자백	37. 들 입	43. 불 화	49. 실감
32. 출력	38. 맏 형	44. 날 생	50. 발음
33. 하인	39. 일천 천	45. 문장	
34. 수력	40. 눈 목	46. 체육	
35. 왕자	41. 강 강	47. 신호	
36. 상하	42. 흙 토	48. 민속	

정 답

한자자격시험 7급 예상문제 03

객관식 정답

1. ③	7. ②	13. ①	19. ⑧	25. ③				
2. ②	8. ①	14. ④	20. ⑤	26. ⑦				
3. ①	9. ③	15. ③	21. ①	27. ④				
4. ④	10. ④	16. ①	22. ⑥	28. ②				
5. ④	11. ③	17. ②	23. ⑨	29. ②				
6. ③	12. ②	18. ②	24. ④	30. ③				

주관식 정답

31. 생모	37. 하늘 천	43. 아래 하	49. 부호
32. 심중	38. 흰 백	44. 사내 남	50. 활동
33. 칠월	39. 발 족	45. 배열	
34. 화력	40. 날 생	46. 변	
35. 산천	41. 쇠 금, 성 김	47. 오전	
36. 자녀	42. 임금 왕	48. 환경	

한자자격시험 7급 예상문제 04

객관식 정답

1. ③	7. ①	13. ③	19. ①	25. ⑦
2. ③	8. ②	14. ①	20. ②	26. ⑤
3. ④	9. ②	15. ④	21. ⑧	27. ③
4. ④	10. ④	16. ②	22. ⑨	28. ②
5. ①	11. ②	17. ①	23. ⑥	29. ①
6. ③	12. ④	18. ③	24. ④	30. ④

주관식 정답

31. 모형	37. 설 립	43. 가운데 중	49. 시
32. 소심	38. 손 수	44. 흙 토	50. 정확
33. 입문	39. 발 족	45. 장면	
34. 출토	40. 일백 백	46. 계산	
35. 자력	41. 장인 공	47. 정리	
36. 천상	42. 하늘 천	48. 선	

한자자격시험 7급 예상문제 05

객관식 정답

1. ②	7. ②	13. ①	19. ⑨	25. ③
2. ③	8. ②	14. ④	20. ⑧	26. ⑤
3. ②	9. ③	15. ③	21. ⑦	27. ①
4. ①	10. ④	16. ②	22. ①	28. ④
5. ④	11. ④	17. ①	23. ②	29. ③
6. ④	12. ②	18. ④	24. ⑥	30. ②

주관식 정답

31. 정문	37. 들 입	43. 날 생	49. 체육
32. 수공	38. 발 족	44. 설 립	50. 신호
33. 자족	39. 임금 왕	45. 모형	
34. 입력	40. 일곱 칠	46. 질문	
35. 출금	41. 스스로 자	47. 식	
36. 인공	42. 날 출	48. 문장	

한자자격시험 7급 예상문제 06

객관식 정답

1. ③	7. ④	13. ①	19. ⑨	25. ⑥
2. ②	8. ②	14. ④	20. ①	26. ⑦
3. ④	9. ④	15. ③	21. ②	27. ②
4. ③	10. ①	16. ②	22. ③	28. ④
5. ③	11. ②	17. ③	23. ④	29. ③
6. ②	12. ③	18. ⑤	24. ⑧	30. ①

주관식 정답

31. 수하	37. 힘 력	43. 흰 백	49. 오전
32. 여자	38. 장인 공	44. 문 문	50. 환경
33. 백금	39. 강 강	45. 방법	
34. 자립	40. 마음 심	46. 학년	
35. 수석	41. 여덟 팔	47. 역할	
36. 입구	42. 쇠 금, 성 김	48. 배열	

정답

한자자격시험 7급 예상문제 07

객관식 정답

1. ①	7. ①	13. ①	19. ⑤	25. ⑥
2. ①	8. ②	14. ③	20. ①	26. ⑦
3. ④	9. ②	15. ①	21. ③	27. ②
4. ④	10. ③	16. ④	22. ⑨	28. ③
5. ③	11. ③	17. ②	23. ⑧	29. ④
6. ④	12. ②	18. ②	24. ④	30. ②

주관식 정답

31. 문중	37. 설립	43. 날 생	49. 선
32. 산천	38. 들 입	44. 흙 토	50. 정확
33. 생일	39. 불 화	45. 장면	
34. 인구	40. 아들 자	46. 생활	
35. 출금	41. 임금 왕	47. 계산	
36. 천자	42. 날 출	48. 정리	

한자자격시험 7급 예상문제 08

객관식 정답

1. ④	7. ④	13. ④	19. ③	25. ⑤
2. ③	8. ①	14. ③	20. ⑧	26. ⑨
3. ④	9. ④	15. ②	21. ④	27. ④
4. ②	10. ②	16. ①	22. ⑥	28. ③
5. ①	11. ③	17. ③	23. ⑦	29. ③
6. ③	12. ①	18. ①	24. ②	30. ④

주관식 정답

31. 출생	37. 장인 공	43. 내 천	49. 민속
32. 수족	38. 힘 력	44. 손 수	50. 실감
33. 부왕	39. 강 강	45. 식	
34. 백토	40. 발 족	46. 문장	
35. 강산	41. 일백 백	47. 체육	
36. 모녀	42. 달 월	48. 신호	

한자자격시험 7급 예상문제 09

객관식 정답

1. ①	7. ③	13. ③	19. ⑤	25. ⑥
2. ③	8. ①	14. ②	20. ⑧	26. ④
3. ②	9. ①	15. ①	21. ⑦	27. ②
4. ④	10. ②	16. ①	22. ①	28. ③
5. ④	11. ②	17. ①	23. ②	29. ①
6. ④	12. ④	18. ③	24. ⑨	30. ④

주관식 정답

31. 입문	37. 발 족	43. 일천 천	49. 배열
32. 수석	38. 날 생	44. 손 수	50. 질문
33. 천하	39. 강 강	45. 자세	
34. 생모	40. 눈 목	46. 역할	
35. 소심	41. 사내 남	47. 안전	
36. 출생	42. 스스로 자	48. 계획	

한자자격시험 7급 예상문제 10

객관식 정답

1. ②	7. ④	13. ①	19. ③	25. ⑨
2. ③	8. ③	14. ④	20. ①	26. ⑤
3. ①	9. ②	15. ②	21. ④	27. ①
4. ②	10. ②	16. ②	22. ⑧	28. ④
5. ③	11. ①	17. ②	23. ⑦	29. ③
6. ④	12. ④	18. ⑥	24. ②	30. ②

주관식 정답

31. 자립	37. 맏 형	43. 설립	49. 모형
32. 출력	38. 내 천	44. 힘 력	50. 부호
33. 강산	39. 들 입	45. 정리	
34. 백인	40. 쇠 금, 성 김	46. 실감	
35. 수족	41. 날 출	47. 환경	
36. 남자	42. 일백 백	48. 신호	

정 답

한자자격시험 7급 기출문제 01

객관식 정답

1. ①	7. ②	13. ①	19. ⑧	25. ④
2. ③	8. ③	14. ③	20. ③	26. ②
3. ④	9. ①	15. ④	21. ①	27. ④
4. ②	10. ③	16. ①	22. ⑥	28. ②
5. ③	11. ②	17. ②	23. ⑤	29. ①
6. ④	12. ④	18. ⑨	24. ⑦	30. ④

주관식 정답

31. 금석	37. 나무 목	43. 들 입	49. 시
32. 남자	38. 물 수	44. 발 족	50. 상상
33. 부왕	39. 아래 하	45. 방법	
34. 심중	40. 장인 공	46. 선	
35. 인력	41. 눈 목	47. 발음	
36. 자립	42. 손 수	48. 안전	

한자자격시험 7급 기출문제 02

객관식 정답

1. ①	7. ④	13. ①	19. ⑧	25. ⑥
2. ③	8. ②	14. ②	20. ④	26. ③
3. ②	9. ③	15. ③	21. ⑨	27. ④
4. ④	10. ①	16. ①	22. ②	28. ③
5. ③	11. ②	17. ②	23. ②	29. ①
6. ①	12. ④	18. ⑤	24. ⑦	30. ②

주관식 정답

31. 석공	37. 맏 형	43. 아들 자	49. 신호
32. 일출	38. 입 구	44. 날 생	50. 환경
33. 자력	39. 일천 천	45. 체육	
34. 중심	40. 달 월	46. 교실	
35. 입금	41. 흰 백	47. 정확	
36. 산천	42. 설 립	48. 실감	

한자자격시험 7급 기출문제 03

객관식 정답

1. ③	7. ②	13. ③	19. ①	25. ⑥
2. ②	8. ④	14. ①	20. ③	26. ⑨
3. ③	9. ①	15. ②	21. ④	27. ②
4. ①	10. ③	16. ④	22. ⑤	28. ③
5. ④	11. ④	17. ②	23. ②	29. ④
6. ①	12. ④	18. ⑧	24. ⑦	30. ②

주관식 정답

31. 자백	37. 힘 력	43. 작을 소	49. 정직
32. 강산	38. 마음 심	44. 아버지 부	50. 자연
33. 목공	39. 하늘 천	45. 발음	
34. 금석	40. 날 출	46. 민속	
35. 남자	41. 맏 형	47. 안전	
36. 칠천	42. 설 립	48. 오전	

한자자격시험 7급 기출문제 04

객관식 정답

1. ①	7. ③	13. ③	19. ④	25. ①
2. ④	8. ③	14. ②	20. ⑦	26. ⑥
3. ①	9. ①	15. ④	21. ⑧	27. ④
4. ②	10. ②	16. ②	22. ④	28. ②
5. ①	11. ③	17. ①	23. ②	29. ③
6. ①	12. ①	18. ⑤	24. ⑨	30. ④

주관식 정답

31. 석공	37. 눈 목	43. 어머니 모	49. 중요
32. 중심	38. 일백 백	44. 맏 형	50. 질문
33. 천상	39. 손 수	45. 상상	
34. 자생	40. 내 천	46. 정리	
35. 입문	41. 나무 목	47. 역할	
36. 왕립	42. 날 출	48. 장면	